Éditions du Moment
15, rue Condorcet
75009 Paris
www.editionsdumoment.com

65 astuces légales pour garder ou récupérer son permis de conduire

Jean-Baptiste IOSCA
Avocat à la Cour

65 astuces légales pour garder ou récupérer son permis de conduire

Les Éditions du Moment

À mon Père

Avant-propos

« Ennemis de l'arbitraire,
la forme est la sœur jumelle de la liberté. »
R. von Jhering, juriste.

Ce livre n'est pas un manuel de conduite imprudente. Ce n'est pas davantage un précis pour chauffard, ou un vade-mecum destiné à contourner la loi.

Mon but n'est pas de remettre en cause le bien-fondé de la politique de sécurité routière, ou l'aspect répressif du code de la route. La loi est faite pour réprimer les excès en tous genres, et garantir notre liberté d'aller et venir sans danger. En cela, elle est indispensable, sur nos routes comme ailleurs.

Mais si la loi sanctionne, elle protège aussi les citoyens. Elle pose un cadre strict, et des limites à ne pas dépasser pour ceux chargés de l'appliquer au quotidien. Ce canevas permet d'éviter les abus d'autorité, les jugements arbitraires, ou les erreurs judiciaires, dont les conséquences peuvent être lourdes voire dramatiques pour celui qui les subit.

Je suis avocat spécialisé dans le code de la route. Mon métier est de défendre celui que la police ou les gendarmes considèrent comme coupable, mais qui reste présumé innocent jusqu'à son jugement définitif.

Pour y parvenir, mon arme est la même que celle utilisée par la justice : la loi. Mon métier n'est pas de la déformer, ni de l'interpréter à mon avantage. Il est de veiller à sa stricte application, ni plus, ni moins, dans l'intérêt de celui que je défends.

C'est dans cet état d'esprit que j'ai décidé d'écrire ce livre.

Trop souvent, les automobilistes s'avouent vaincus avant même d'avoir combattu. Et pour cause : le système est conçu pour les décourager. La loi, pourtant censée être connue de tous, est devenue un fatras indigeste, le code de la route renfermant toujours plus d'obligations, d'interdictions, et d'exceptions à retenir. La contestation est rendue difficile par une myriade de procédures impossibles à décoder pour le profane. Quant aux droits de l'automobiliste à une procédure respectueuse de sa défense et de ses libertés, ils sont bien souvent négligés par des autorités trop occupées à appliquer la politique du chiffre.

Ces autorités, policiers ou gendarmes, qui, chaque jour, arrêtent, contrôlent, et verbalisent les automobilistes, font, pour la plupart d'entre eux, leur travail honnêtement. Mais beaucoup n'hésitent pas à profiter de cet avantage qu'ils ont sur vous, voire de la crainte naturelle que fait naître l'apparition d'un képi dans votre rétroviseur. Parce qu'ils savent que vous méconnaissez la loi, ils vont tenter de passer sous silence leurs propres négligences pour mieux vous confondre.

Cette inégalité a trop duré. La loi est la même pour tous, justiciables ou justiciers.

En écrivant ce livre, j'ai voulu rendre accessible à chaque automobiliste les armes que la loi met à votre disposition pour vous défendre. Lors d'un contrôle, en garde à vue, devant le tribunal ou tout simplement chez vous lors de la réception d'une amende, vous devez avoir les bons réflexes pour ne pas vous laisser déborder par la peur ou l'émotion. Savoir répondre à un agent qui vous pousse à reconnaître vos torts, s'opposer à un contrôle de vitesse défaillant, faire tomber un test d'alcoolémie illégal, rédiger une contestation dans les formes et, finalement, récupérer ses points voire son permis de conduire quand celui-ci a été annulé… Chaque situation que peut connaître un automobiliste en difficulté fait l'objet d'une fiche pratique, facile à comprendre, et à appliquer.

Ces astuces, parfaitement légales et issues de plus de dix années d'expérience dans la défense des automobilistes, ne doivent pas être considérées comme une incitation aux infractions. Ce livre s'adresse avant tout à ceux, les plus nombreux, qui, au volant comme dans la vie, ne sont pas à l'abri d'un écart, d'une maladresse, ou d'une faute d'inattention. À ceux-là, trop souvent, les autorités ne font pourtant aucun cadeau.

Ne leur en faites pas non plus. N'ayez plus peur : défendez-vous !

Partie 1

Avant de prendre le volant

Au volant comme ailleurs, bien se protéger passe par une bonne préparation. Votre défense commence avant même d'avoir mis les pieds dans l'habitacle. En cas de contrôle, vous ne serez pas immunisé à 100 %, mais vous éviterez bien des désagréments.

Les conseils qui suivent vont d'abord vous permettre de vous familiariser avec les grandes règles qui régissent le permis à points, en vigueur depuis 1992. Connaître le fonctionnement du petit papier rose est indispensable pour éviter les écueils, les mauvaises surprises, mais aussi les abus de pouvoir. De même le fameux P.V., si familier et pourtant si méconnu, ne doit plus avoir aucun secret pour vous. N'oubliez pas : les forces de l'ordre comptent sur votre faible maîtrise de la loi pour vous confondre. Ne leur laissez pas ce plaisir !

L'équipement de votre automobile doit faire l'objet d'un soin tout particulier. Vous pouvez perdre des points même à l'arrêt et sans avoir touché votre volant ! De même, quelques astuces à retenir au moment d'établir votre carte grise vont vous mettre à l'abri de certains ennuis. Une partie est également dédiée au cas des voitures de fonction, dont les utilisateurs sont souvent perdus quant aux conséquences de leurs écarts.

Conserver ses points et son permis n'est pas qu'une question de conduite.

I
Permis à points, qui es-tu ?

Le premier projet remonte… à 1976 ! Il faudra attendre l'été 1992 pour que le permis à points, longtemps considéré comme une mesure très impopulaire, soit finalement mis en service, sur fond de grogne des chauffeurs routiers. Prévu pour comporter seulement six points au départ, il passe à 12 points au bout de quelques semaines dans le but de calmer la colère des professionnels. Après plusieurs années de tâtonnement, il est aujourd'hui pleinement opérationnel… et dévastateur !

Points de repère

Le permis comporte 12 points. Si certaines infractions n'entraînent aucun retrait de points, l'écrasante majorité vous fera perdre entre 1 et 6 points maximum. Si vous commettez plusieurs infractions en même temps, le retrait ne pourra excéder 8 points en tout. Cette sanction est une décision administrative. Elle peut être automatique en cas de non-contestation de l'infraction, ou être définitivement entérinée par un tribunal si vous avez effectué un recours et que vous êtes reconnu coupable à l'issue de l'audience.

Chaque retrait de points fait l'objet d'un courrier simple envoyé à votre domicile, dit courrier « 48[1] ». Lorsque vous atteignez 6 points ou moins, vous recevez une lettre recommandée dite « 48 M[2] » vous signalant que vous franchissez ce seuil. En cas de perte totale des points, un nouveau courrier recommandé, le « 48 SI[3] » vous parvient, récapitule l'historique des infractions commises, prononce l'invalidité du permis, et vous enjoint à restituer ce dernier dans votre préfecture sous dix jours. Six mois plus tard, vous pourrez repasser le code après un examen médico-psychologique laissé à votre charge. Ce délai est porté à un an en cas de permis invalidé à deux reprises au cours des cinq dernières années.

Faire le point de ses points

Il existe différents moyens de connaître son solde de points à un instant T.

1 *Le plus simple reste de se rendre dans votre préfecture muni d'une pièce d'identité en cours de validité (évitez le permis de conduire car au cas où vous n'auriez plus de point sans le savoir il pourrait vous être retiré sur le champ).*

Un site Internet, Télépoints (www.tele7.interieur.gouv.fr) vous permet de consulter ce solde à distance à l'aide d'identifiants délivrés sur simple demande en préfecture.

1 Voir annexe 6.

2 Voir annexe 7.

3 Voir annexe 8.

Attention, si votre condamnation est récente, il se peut que le solde ne soit pas à jour au moment de la consultation.

Points cadeaux

C'est une disposition assez méconnue, et pourtant appréciable. En l'absence de nouvelle infraction dans les deux ans suivant votre dernier écart, vous récupérez automatiquement vos 12 points. Ce délai est porté à trois ans si vous vous êtes rendu coupable d'une contravention de 4e ou 5e classe. En cas d'infraction entraînant la perte d'un seul point, celui-ci vous est réattribué six mois plus tard si vous vous êtes tenu à carreau.

Le filet du stage de récupération

À tout moment, n'importe quel conducteur peut effectuer un stage de récupération de points. Celui-ci se déroule dans une auto-école, sur deux jours consécutifs, et coûte environ 250 €. Vous y serez sensibilisé aux dangers de la route par des exercices et exemples prodigués par des professionnels. À l'issue du stage, vous récupérez 4 points sur votre permis (dans la limite du plafond des 12 points, ou des 6 points pour les permis probatoires). Il n'est possible de suivre qu'un seul stage par an maximum. À noter que pour les permis probatoires, ce stage est obligatoire dès le seuil des 3 points perdus franchi. Il doit être effectué dans les 4 mois suivant la réception par courrier de la lettre vous en informant.

Le permis probatoire, demi-permis

Depuis 2004, les nouveaux titulaires du papier rose décrochent un permis probatoire. Celui-ci est crédité de seulement 6 points au moment de son obtention, et passe à 12 points au bout de 3 ans (à raison de 2 points par an) si aucune infraction n'a été commise durant cette période. Si le conducteur a commis des écarts, il ne disposera à l'issue de ce délai que des points restants sur son permis. Trois ans plus tard, et là encore en l'absence de nouvelle infraction, il obtiendra automatiquement ses 12 points. À noter que les candidats ayant reçu leur sésame avant 2004 et qui repassent leur permis après annulation doivent eux aussi passer par la case probatoire.

Nouveau permis européen : ne vous précipitez pas !

Plus simple, plus sécurisé, plus pratique… et plus pernicieux ! Depuis le 16 septembre 2013, le permis européen est délivré aux nouveaux titulaires du papier rose, et doit, à terme, le remplacer pour les anciens titulaires. De format carte de crédit, il contient les mêmes informations que le modèle cartonné : état civil du conducteur, photographie, date de délivrance et numéro du titre, catégories obtenues, et éventuelles restrictions au droit de conduire (port de lunettes, aménagement de véhicule…). Il est valide pour une durée de 15 ans.

En réalité, la vraie nouveauté est la présence d'une puce électronique. Le ministère de l'Intérieur assure que celle-ci renferme simplement une copie des seules informations visibles sur le titre.

Si l'on est forcé de le croire, rien n'empêchera le législateur de changer d'avis dans un futur plus ou moins proche en incluant, par exemple, votre capital points ou l'historique de vos amendes. Une décision qui rendrait la contestation de perte de points beaucoup plus difficile.

Ce changement en apparence purement cosmétique est également l'occasion pour les autorités de mettre à jour votre adresse. Là encore, cela n'a rien d'anodin, puisqu'il est possible de contester la perte de points au motif que les courriers vous en informant ont été envoyés à une adresse périmée.

2 *Pour ces deux raisons, les anciens titulaires du permis cartonné doivent repousser au maximum le changement de leur vieux papier rose contre ce titre nouvelle génération. La montre joue pour vous : vous avez jusqu'au 19 janvier 2033 pour effectuer l'échange en préfecture. Prenez votre temps !*

II
Autopsie d'un P.V.

Pour bien comprendre et exploiter les astuces qui vont suivre, vous devez être familiarisé avec l'apparence et le principe même d'un procès-verbal. Sachez d'abord que ce terme est un petit abus de langage : ce que l'on appelle couramment P.V. est plus précisément un timbre-amende, ou un avis de contravention. La contravention, en droit pénal, est la catégorie d'infraction (atteinte à la loi) considérée comme la moins grave, comparée au délit (jugé par un tribunal correctionnel) et au crime (jugé par une cour d'assises). En théorie, toute contravention doit être jugée par un tribunal de police ou une juridiction de proximité, au cours d'un procès public.

Comme tout manquement à la loi, la contravention entraîne une peine. Contrairement à un délit ou à un crime, pour lesquels les juges disposent d'une large palette de sanctions (travail d'intérêt général, amende, prison...), la contravention est automatiquement synonyme d'amende. Elles sont divisées en cinq catégories, de la moins grave (1re classe) à la plus grave (5e classe). En fonction des faits reprochés, le juge prononce le montant qu'il souhaite sans pouvoir dépasser une somme maximum fixée par la loi pour la catégorie correspondante : ce plafond est de 38 € pour la 1re classe (infractions les moins graves), et va jusqu'à 3 000 € pour la 5e (les plus graves). Lorsque la contravention correspond à une infraction routière, des peines supplémentaires peuvent être ajoutées, comme la suspension du permis de conduire.

Si la règle veut qu'une contravention soit prononcée par un juge au cours d'un procès, la loi a prévu des exceptions pour éviter d'engorger les tribunaux. C'est là qu'intervient le timbre-amende. Ce petit papier n'est pas la contravention en elle-même, mais un simple avis. Par cet écrit, les forces de l'ordre vous notifient qu'elles vous considèrent comme coupable d'une contravention. Mais ce n'est pas tout. En vous tendant ce P.V., les autorités vous proposent, sans vous le dire, un petit marché : au lieu de comparaître devant un tribunal, qui jugera si vous êtes coupable ou non, soyez raisonnable, et reconnaissez tout de suite que vous êtes coupable. En échange, vous en serez quitte pour une amende d'un montant inférieur à la somme maximale que pourrait prononcer un juge. C'est la fameuse amende forfaitaire.

Contrairement à ce que vous laissent penser les forces de l'ordre, cette amende forfaitaire n'a rien d'une bonne affaire. Car ce qu'elles oublient de vous dire, c'est qu'un tribunal peut aussi vous déclarer innocent, ou vous accorder des circonstances atténuantes en fonction du contexte de l'infraction, ou de votre situation professionnelle ou personnelle. Nous y reviendrons.

À la différence des amendes prononcées par un tribunal, les amendes forfaitaires sont divisées en seulement quatre catégories. La plupart d'entre elles peuvent être minorées (si vous payez sous trois jours) ou majorées (paiement après 30 jours).

- **1re classe** : 11 € (non-présentation du permis) ou 17 € (stationnement non payé). Pas de minoration possible, majorée à 33 €.
- **2e classe** : 35 € (minorée à 22 €, majorée à 75 €). Elles concernent l'arrêt ou le stationnement gênant, le non-paiement d'un péage, le changement de direction sans clignotant, l'usage abusif du klaxon, la circulation sur une voie de bus, et la circulation sur la bande d'arrêt d'urgence.
- **3e classe** : 68 € (minorée à 45 €, majorée à 180 €). Excès de vitesse inférieur à 20 km/h si la vitesse limite est supérieure à 50 km/h, conduite avec un freinage non-conforme.
- **4e classe** : 135 € (minorée à 90 €, majorée à 375 €). Ces dernières infractions ne peuvent pas faire l'objet d'une amende forfaitaire et devront être automatiquement jugées par un tribunal. Excès de vitesse inférieur à 50 km/h, usage d'un téléphone en conduisant, conduite en état d'ivresse (entre 0,25 mg/l et 0,40 mg/l d'air expiré), non port de la ceinture de sécurité, refus de priorité, non respect d'un feu ou d'un stop, circulation en sens interdit, arrêt ou stationnement dangereux, défaut de visite technique, non respect des distances de sécurité, dépassement dangereux, chevauchement ou franchissement de la ligne continue, circulation sans éclairage la nuit ou par visibilité insuffisante.

Toutes les autres contraventions dites de 5e classe (excès de vitesse de plus de 50 km/h, utilisation d'un détecteur de radar, circulation du véhicule sur une barrière de dégel) ne peuvent pas faire l'objet d'une amende forfaitaire et devront donc être obligatoirement jugées par un tribunal.

Dès lors que vous êtes soupçonné d'avoir commis l'une des infractions correspondant à ces quatre catégories, une amende forfaitaire va vous être proposée. Elle se présente sous deux formes distinctes : le timbre-amende (le fameux P.V.) si vous avez été arrêté, ou l'avis de contravention si l'infraction relevée n'a pas entraîné d'arrestation (P.V. dit « à la volée »), comme avec des radars automatiques. Dans tous les cas, chaque case doit être correctement remplie, lisible, et sans rature.

Le timbre-amende

Il se présente sous la forme d'un petit papier en deux volets qui vous est remis à l'issue du contrôle. Le premier volet est appelé « carte de paiement[1] ». C'est en quelque sorte la « facture » du P.V. : elle comporte le montant de l'amende forfaitaire correspondant à la classe de l'infraction relevée. C'est cette partie qui doit être envoyée en cas de paiement, d'où son appellation.

Le numéro du cas correspond à la classe de l'amende forfaitaire proposée, qui elle-même renvoie à l'infraction reprochée. Cas n° 4 = amende forfaitaire de 4e classe = infraction de 4e classe. Le « cas bis » répond à la même logique (cas n° 4 bis = amende forfaitaire de 4e classe), mais ne sera coché qu'en cas de paiement immédiat, vous permettant d'accéder au montant de l'amende minorée. En aucun cas, le chiffre du montant de l'amende majorée ne peut être entouré. Cette somme est ici donnée à titre indicatif si vous ne payez pas sous 45 jours. Au-dessus, les cases immatriculations, département, service, etc., doivent être

1 Voir annexe 1.

remplies, à l'exception bien entendu de l'arrondissement en dehors de Paris, Lyon et Marseille. Au dos de cette carte de paiement vous trouverez les modalités de règlement[1] et un encart contestation. Puisque nous devons systématiquement contester chaque infraction, ce dernier nous intéressera tout particulièrement (voir partie 6, p. 131).

Le deuxième volet, le plus intéressant, est le procès-verbal (ou avis) de contravention en lui-même[2]. C'est ici que les forces de l'ordre vont entrer les informations correspondant aux faits qui vous sont reprochés.

L'exemple en annexe est celui qui vous est remis en cas d'excès de vitesse. Pour les autres infractions, la partie au centre est remplacée par une case vide « nature de la contravention et textes visés » que l'agent doit remplir.

3 *D'une manière générale, vous vérifierez que chaque case est correctement renseignée et de façon lisible. Les bourdes les plus fréquentes sont les suivantes.*

- ***Date et heure** : vérifiez qu'elles sont correctes, les erreurs ne sont pas rares.*
- ***Lieu de l'infraction** : il doit être indiqué avec précision. En agglomération, le numéro de la voie ou de candélabre (lampadaire) se situant au niveau des faits est indispensable. Hors agglomération, le point kilométrique ou routier doit apparaître (voir chapitre « La faille du point kilométrique », p. 66).*
- ***Contravention prévue/réprimée par** : il peut arriver que l'agent se trompe dans les articles du code de la*

1 Voir annexe 2.

2 Voir annexe 3.

route, inscrivant, par exemple, le numéro d'article du feu rouge grillé pour un excès de vitesse.

- ***Points retirés** : là encore, une erreur est possible, n'hésitez pas à vérifier ce que prévoit le code de la route pour l'infraction retenue.*
- ***Cas n°** : ce numéro doit correspondre à la classe de contravention figurant sur la carte de paiement.*
- ***Plaque d'immatriculation** : entre numéros manquants, raturés ou inversés, les bourdes sont fréquentes.*

Comme nous le verrons plus tard, l'essentiel est de ne jamais reconnaître l'infraction (voir « Ne reconnaissez jamais l'infraction », p. 46, « Signer, c'est avouer », p. 47, « Le piège du paiement immédiat », p. 48).

4 *Vous veillerez donc à ce que la case « il ne reconnaît pas l'infraction » soit cochée et la partie « nom et signature du conducteur » reste vierge sur le carnet souche que conserve le policier. Aucune copie ne vous sera remise.*

L'avis de contravention

C'est le document que vous recevrez chez vous si vous n'avez pas été arrêté par les forces de l'ordre au moment de l'infraction. Les radars automatiques (vitesse ou feu rouge), mais aussi certains écarts observés à distance par les autorités (franchissement de ligne continue, défaut de clignotant…) sont concernés[1].

1 Voir annexe 4.

Là encore, vérifiez qu'aucune information n'est manquante, incomplète ou fausse, comme vu ci-dessus. Dans notre exemple, l'agent verbalisateur a renseigné le seul nom de la voie où s'est déroulée l'infraction. De nombreux tribunaux ont jugé cette information insuffisante (voir « La faille du point kilométrique », p. 66).

Vous trouverez au dos un récapitulatif des modalités de contestation. L'envoi comporte également un formulaire de requête à remplir, toujours aux fins de contestation. Conservez-les précieusement, vous en aurez besoin pour faire valoir vos droits (voir partie 6, p. 121).

III
Soyez correctement équipé

La perte de points n'est pas que le résultat d'une erreur de conduite volontaire ou non. Un simple défaut d'équipement peut aussi entamer votre capital points. Un gilet non homologué ou un oubli de ceinture peut entraîner une amende de 4e classe (135 €) et jusqu'à 3 points en moins. Voici ce que vous devez savoir pour y échapper.

Une ceinture de sécurité par siège et par passager

Cette règle est valable pour toutes les automobiles. Seule exception, les véhicules anciens mis en circulation avant le 1er septembre 1967 peuvent s'en passer, tout comme leur conducteur.

5 *Une dispense de port de ceinture peut également être demandée dans certains cas précis (morphologie inadaptée, affections médicales). Elle doit être alors adressée à votre préfecture. Certains professionnels de la route (taxi, ambulancier, livreur), eux, en sont automatiquement dispensés.*

6 *Les passagers du véhicule qui ne portent pas de ceinture ne se verront retirer aucun point s'ils sont titulaires du permis. Et contrairement à une idée reçue répandue, un conducteur ne peut pas se voir retirer de points si l'un de ses passagers n'est pas attaché !*

Amende : 135 €
Points retirés : 3

Un gilet de sécurité et un triangle de signalisation

Le gilet fluorescent doit être homologué CE et conservé dans l'habitacle du véhicule dans un endroit facilement accessible. En cas de panne ou d'accident au milieu de la circulation, le triangle doit être placé à 30 mètres au moins de votre véhicule, sauf si sa pose présente un trop grand danger pour vous. Si votre sinistre s'est produit dans une courbe, il faudra l'installer au début de celle-ci. L'objet doit porter la mention E27R pour être valide en cas de contrôle.

7 *Amende : 135 € (en cas d'oubli de l'un, de l'autre, mais aussi des deux cumulés)*

Deux éthylotests valent mieux qu'un

Depuis le 1er juillet 2012, vous devez posséder au moins un éthylotest non usagé dans votre véhicule.

8 *Mieux vaut néanmoins en avoir deux : si vous n'en avez qu'un seul et que vous l'utilisez, vous serez en infraction en cas de contrôle ultérieur !*

Les ballons devront être conservés dans la boîte à gants car la lumière et la chaleur pourraient fausser les résultats. À noter que l'absence d'éthylotest n'entraîne aucune contravention, vous aurez droit à une simple réprimande.

Pas d'amende
Pas de retrait de points

Une roue de secours et un jeu d'ampoules de phare

L'absence de ces équipements de secours n'est pas en soi répréhensible. En revanche, rouler avec une roue dégonflée ou un phare défaillant est une infraction qui vous coûtera une amende et pourra entraîner l'immobilisation administrative du véhicule. Aucun modèle n'est préconisé si ce n'est celui adapté à votre voiture !

Amende : 135 €

Des lunettes de secours

9 *Cette exigence ne vaut que pour les porteurs de lentilles de contact dont le permis mentionne explicitement « port de verres correcteurs ». Le code impose de conserver à bord une paire de lunettes à votre vue dans la boîte à gants.*

Amende : 90 €
Points retirés : 3.

Un contrôle technique en règle

Le contrôle technique doit être effectué tous les deux ans. Si votre véhicule est neuf, le premier contrôle doit être réalisé dans les 3 ans et demi suivant la date de 1re mise en circulation figurant sur la carte grise. Si le véhicule a plus de 4 ans et doit être vendu, le contrôle technique est obligatoire avant la transaction, et à la charge du vendeur.

Il est effectué dans un centre agréé, visuellement, sans démontage, et concerne 133 points répartis en 10 fonctions principales. Il donne lieu à l'établissement d'un procès-verbal de contrôle et à l'apposition d'un timbre sur la carte grise et d'une vignette à droite du pare-brise. Certains défauts à corriger comportent l'obligation de contre-visite. Elle doit impérativement avoir lieu dans les deux mois suivant la visite initiale. Passé ce délai, une nouvelle visite complète est obligatoire. Si un véhicule n'est pas présenté au contrôle, vous risquez une amende en cas d'arrestation par les forces de l'ordre.

Amende : 135 €
Pas de retraits de points

La science du siège bébé

Les choses se compliquent encore quand un enfant voyage à bord. Le code de la route édicte un nombre de règles précises à suivre en la matière. Ici, vous ne risquez aucun retrait de points, le législateur compte sur votre sens des responsabilités pour vous auto discipliner.

– **Bébé et enfant en dessous de 13 kg** : il doit être installé dans un lit nacelle, parallèlement au dossier de la banquette arrière, ou dans un siège bébé dos à la route indifféremment à l'avant ou à l'arrière du véhicule. Si vous choisissez de le placer à l'avant, l'airbag doit être désactivé.

- **Enfant de 9 à 18 kg** : il doit voyager dans un siège à harnais ou réceptacle que l'on trouve en boutique spécialisée.
- **Enfant de 15 kg (si de grande taille) et plus** : si sa taille le lui permet, l'enfant peut être assis directement sur la banquette arrière, voire sur le siège avant s'il a plus de 10 ans. Sinon, un rehausseur doit être installé sous l'enfant.

IV
Ma carte grise au nom d'un tiers

« Le conducteur est forcément le propriétaire du véhicule. » Voilà le raisonnement par défaut de l'administration si l'infraction relevée n'a pas permis d'identifier formellement celui qui l'a commise. On la retrouve dans deux grands types de cas : les flashs de radars automatiques, où le conducteur est rarement reconnaissable sur la photo mais où la plaque d'immatriculation permet de remonter jusqu'à la carte grise, et les P.V. dits « à la volée » qui sont constatés par un agent sans que celui-ci ne juge utile ou ne puisse arrêter le contrevenant (flash par radar mobile sans interpellation, ligne blanche franchie au milieu d'une circulation dense, radar de feu rouge…).

En suivant ce raisonnement simpliste – le conducteur est toujours le propriétaire –, l'administration va identifier le détenteur de la carte grise et lui envoyer un procès-verbal voire une convocation devant le tribunal à l'adresse qui figure sur celle-ci. Bien entendu, la ou les amendes et autres retraits de points à appliquer lui seront également notifiés.

Cette logique administrative est simpliste : le détenteur de la carte grise d'un véhicule n'est pas forcément celui qui a commis l'infraction. Mais c'est aussi une chance pour vous : mettre une carte grise au nom d'un tiers qui ne pourra pas être tenu pour responsable, ou immatriculer votre véhicule à l'étranger va rendre le travail d'identification des autorités beaucoup plus compliqué. En clair, l'amende et le retrait de points ne pourront pas s'appliquer automatiquement. Et dans la plupart des cas vous y échapperez tout court, car les autorités n'auront aucun moyen légal de prouver que vous étiez bien le conducteur du véhicule au moment de l'infraction.

Attention : ces astuces, bien que parfaitement légales en soi, doivent être considérées comme des filets de sécurité en cas d'infractions occasionnelles. Elles ne sont en revanche pas imparables si vous les considérez comme des blancs-seings pour commettre des infractions répétées et volontaires.

C'est ma boîte le proprio !

10 *C'est l'astuce la plus sûre, mais elle s'adresse à ceux qui possèdent une société, quelle qu'elle soit. Il s'agit tout simplement d'immatriculer l'automobile au nom de votre entreprise, comme s'il s'agissait d'un véhicule appartenant à une flotte. Elle apparaîtra ainsi au bilan de la société.*

En cas de flash par radar fixe sans conducteur identifiable, ou de P.V. à la volée, la contravention vous sera automatiquement adressée en tant que responsable légal de la société, elle-même propriétaire officiel du véhicule. En cas de petite infraction (hors délit), payez l'amende le plus tôt possible, et vous en serez quitte : impossible de retirer des points à une entreprise !

En cas de grand excès de vitesse (de plus de 50 km/h au-dessus de la vitesse autorisée), l'administration pourra être tentée de pousser plus loin ses investigations pour identifier le conducteur, en vous convoquant au commissariat ou à la gendarmerie, ou en se rendant au siège de votre société. Il suffit d'affirmer que vous n'étiez pas le conducteur en cause, et que vous ignorez qui peut être ce dernier : « Comme vous le savez, la loi ne nous oblige pas à tenir un cahier d'attribution ou de prêt de véhicule, je ne peux pas vous dire qui conduisait. » Cette attitude doit être constante durant toute la phase judiciaire, jusqu'au tribunal. Évidemment, les autorités vont vous demander de dénoncer le véritable conducteur. Là encore, refusez de livrer un nom, la loi vous y autorise !

Dans le cas où vous conduisez un véhicule de flotte, le principe est le même : c'est le responsable légal de la société qui va recevoir l'amende, en clair, votre patron ! En recevant la contravention, celui-ci va logiquement contester l'amende, en expliquant ne pas être le conducteur du véhicule. Dans certains cas, les forces de l'ordre ne vont pas en rester là, et vont le convoquer, ou se déplacer dans l'entreprise pour qu'il indique qui était la personne au volant ce jour-là. S'il le souhaite, il peut lui aussi tout à fait refuser de livrer votre nom. Si vos relations sont bonnes, n'hésitez pas à lui suggérer l'idée, il ne risque absolument rien. Les autorités peuvent alors abandonner les poursuites ou, dans quelques cas rares, convoquer le patron devant le tribunal où la question du conducteur lui sera de nouveau posée. Il peut, à nouveau, refuser d'en dire plus sans rien risquer.

Sans preuve formelle de l'identité de la personne au volant, le tribunal n'aura pas d'autre choix que de prononcer une simple amende contre la société, aucun retrait de point n'étant possible.

Évidemment, cette astuce, bien que tout à fait légale, ne vaut que si vous êtes en bons termes avec votre patron ! Le cas échéant, il ne sera pas difficile pour ce dernier de remonter jusqu'à vous grâce au registre de prêts de véhicule de votre entreprise, et de vous dénoncer. Dans tous les cas, n'hésitez pas à tenter le coup, ça ne coûte rien !

Ma titine est biélorusse

Cette parade fonctionne parfaitement si vous résidez effectivement une partie de l'année (6 mois et 1 jour, au moins) dans un pays étranger. Même si votre véhicule a été acheté en France, l'immatriculer dans un autre pays est parfaitement légal dès lors que vous justifiez d'une présence habituelle sur son sol, pour des raisons professionnelles ou personnelles.

11 *L'astuce permet de se protéger automatiquement en cas de P.V. à la volée, mais aussi des contraventions de stationnement car, dans la très grande majorité des cas, les autorités ne prennent pas la peine de faire suivre l'amende dans le pays concerné, sauf accords transfrontaliers (Belgique, Suisse, Italie, Allemagne, Espagne).*

Les moyens qui devraient être mis en œuvre pour retrouver votre identité sont en effet bien plus coûteux en terme de temps et de procédures pour l'administration que l'amende en question, quelle qu'elle soit.

Ma voiture au nom de ma nièce de 5 ans

12 *Là encore, cette astuce, bien que surprenante, est parfaitement légale*[1]*. Si conduire une voiture est réservé aux personnes de 18 ans munies d'un permis, n'importe qui peut être détenteur de la carte grise d'un véhicule, quel que soit l'âge.*

Une fillette de 5 ans peut très bien être l'heureuse titulaire de la carte grise d'une Ferrari 250 GT. Contrairement à une idée reçue, ce document n'est pas un acte de propriété au sens strict : vous pouvez vous assurer à votre nom, et revendre le véhicule sans aucune difficulté sans que la carte grise soit à votre nom.

Le mieux est de choisir une personne qui n'est visiblement pas en âge de conduire ni de la taille d'un adulte, si possible d'un sexe différent du vôtre, et qui ne possède pas le même patronyme que vous (fils ou fille d'un membre de la belle-famille, d'un ami...). Bien sûr, il faut que les représentants légaux acceptent car ce sont eux qui vont devoir rédiger la demande d'immatriculation et, plus tard, recevoir les amendes à leur domicile. Bien entendu, ils n'ont aucune obligation légale de vous dénoncer comme étant le véritable conducteur du véhicule.

1. http://vosdroits.service-public.fr/particuliers/F10477.xhtml

À noter que l'immatriculation d'un véhicule au nom d'un mineur a fait l'objet d'une note de la direction de l'information légale et administrative, un service dépendant du Premier ministre, qui a confirmé sa légalité en juillet 2012. CQFD.

Gare à la doublette

La presse s'amuse régulièrement de ces histoires de verbalisations improbables. En janvier 2012, l'une d'elles a fait le tour du pays : un agriculteur du Lot avait reçu un P.V. de stationnement pour avoir garé son tracteur… en Martinique ! Comme des milliers de Français, ce conducteur a été victime d'une doublette. Ce tour de passe-passe bien connu des malfaiteurs consiste à copier le numéro d'immatriculation d'une voiture prise au hasard et de faire fabriquer une fausse plaque à partir de ce numéro. Un préalable qui permet de brouiller les pistes avant de commettre un cambriolage, un braquage… ou pire !

13 *Si vous êtes victime d'une doublette, et que le modèle utilisé pour l'infraction est identique au vôtre, réunissez tous les documents prouvant que vous étiez à un autre endroit au moment de l'infraction, et rendez-vous au commissariat ou à la gendarmerie avec vos justificatifs et la contravention reçue.*

Si le modèle est différent, il suffira de montrer votre carte grise pour prouver que vous ne pouvez pas être l'auteur de l'infraction. Dans les deux cas, portez plainte pour usurpation de plaque, et demandez à l'agent la marche à suivre pour contester le P.V. On considère que, en 2012, plus de 17000 fausses plaques étaient en circulation dans le pays. Un chiffre en hausse de 73 % par rapport à 2011 !

Partie 2

Papiers, s'il vous plaît !

Vous êtes bien préparé, équipé ? Alors en voiture. Même si vous êtes un conducteur prudent, un écart est vite arrivé. Inattention, distraction, faute de jugement… Il n'est pas nécessaire d'être un criminel en puissance pour commettre une infraction au code de la route. La plupart du temps, les forces de l'ordre auront le dos tourné, et vous éviterez une amende. Sinon, vous n'échapperez pas au contrôle, synonyme d'ennuis. Trois types de contrôle peuvent survenir :

L'interpellation : pris la main dans le sac !

Vous avez commis une infraction sous les yeux des forces de l'ordre. Vous êtes arrêté sur le champ, ou rattrapé, comme dans le cas d'un contrôle de vitesse par radar mobile par exemple. Quoi qu'il arrive, restez poli et courtois. Non seulement policiers et gendarmes ne font que leur travail mais, en plus, un conducteur d'apparence sympathique attirera parfois la clémence des autorités qui pourra – « prions pauvres pêcheurs » – fermer les yeux sur votre « maladresse ».

À l'issue du contrôle, et si votre amabilité n'a pas suffi à attendrir l'uniforme, un timbre-amende vous sera remis. En cas d'infraction grave (cinquième classe) ou de délit, aucun document ne vous sera donné, et vous serez invité à suivre l'agent au commissariat ou à la gendarmerie dont il dépend pour être placé en garde à vue en cas de délit. Ne paniquez pas, cela peut arriver à n'importe qui au cours d'une vie (voir « L'épreuve de la garde à vue », p. 50). Vous repartirez avec une convocation au tribunal, ou une ordonnance pénale (voir « ordonnance pénale, cadeau empoisonné », p. 130).

Le contrôle aléatoire : la faute à pas de chance

Ce sont les fameux contrôles routiers qui fleurissent un peu partout. Les forces de l'ordre peuvent à tout moment décider de ce genre d'opération pendant leur service, mais aussi à l'occasion de dispositifs spéciaux, aux sorties des boîtes de nuit ou près des axes routiers très fréquentés, au moment des vacances par exemple. Ils peuvent effectuer tout type de contrôle à volonté, à l'exception de ceux relatifs à l'alcoolémie, soumis à une autorisation préalable du procureur de la République. Le scénario du contrôle en lui-même est identique à celui d'une arrestation.

Le P.V. à la volée : la sanction surprise

C'est une infraction constatée à distance, donc sans arrestation. C'est le cas des radars automatiques bien sûr, mais ils peuvent également survenir lorsque le ou les agents ne jugent pas nécessaire de vous interpeller. Le contrôle est alors « indolore » sur le moment. Au bout de quelques jours, vous recevrez un avis de contravention à votre domicile qui résumera les faits reprochés, leur lieu, ainsi que l'amende forfaitaire correspondante. Elle peut être contestée sans difficulté comme nous le verrons plus loin.

Hormis ce dernier cas, vous n'échapperez pas à un désagréable tête-à-tête avec les forces de l'ordre. C'est un mauvais moment à passer, mais si vous suivez mes conseils, tout se passera pour le mieux.

14 *Gardez en tête que le contrôle en lui-même est un moment où vous ne vous défendez pas directement, mais où vous préparez votre défense.*

À ce stade, vous n'êtes pas maître de la partie. N'essayez pas d'influer sur le cours des choses en élaborant des histoires farfelues ou, au contraire, en disant à votre interlocuteur ce qu'il a envie d'entendre. Vous devez simplement être un spectateur actif, soucieux de vos droits, afin d'être en mesure de profiter au mieux des erreurs de votre interlocuteur.

I
Ne reconnaissez jamais l'infraction

C'est une règle d'or. L'infraction est là, évidente, incontestable. Pourtant, reconnaître que vous êtes en tort est une erreur à ne jamais commettre. D'abord, parce que la loi vous y autorise. En matière de code de la route, comme pour un délit ou pour un crime, l'aveu n'est pas obligatoire. Au contraire : c'est aux autorités de prouver votre culpabilité.

Avouer est donc un cadeau fait aux gendarmes ou aux policiers : en reconnaissant l'infraction, vous vous interdisez toute contestation ultérieure.

Une infraction, quelle infraction ?

Le premier réflexe du policier ou du gendarme est de vous demander votre permis de conduire et les papiers du véhicule. Ne refusez pas, c'est une obligation.

15 *La deuxième question qui vous est posée lors d'un contrôle est toujours la même : « Vous savez pourquoi on vous arrête ? » Cette interrogation n'a rien d'anodin : elle vise précisément à vous faire avouer. Ne tombez pas dans le panneau.*

Restez poli, mais ferme, et assurez que vous ignorez ce qui vous est reproché d'un simple « non ». En général, votre interlocuteur tente alors de vous aider. « Le feu n'était-il pas rouge ? » ; « N'étiez-vous pas en train de téléphoner ? » ; « N'avez-vous pas franchi la ligne continue ? » Toute réponse négative fait alors l'affaire. « Non » ; « Je ne pense pas » ; « Je ne crois pas ». Inutile de vous empêtrez dans des scénarios bidons ou des explications farfelues.

L'essentiel est de ne rien reconnaître, sans en rajouter, pour ne pas agacer le képi. Restez courtois, mais ferme.

Signer, c'est avouer

16 *Faute avouée n'est jamais pardonnée par l'administration ! Tout comme l'aveu oral, la signature de la contravention est une reconnaissance de l'infraction. Ce n'est rien de moins qu'un aveu écrit, qui va rendre très difficile toute contestation ultérieure. Et là encore, ce refus est un droit garanti par la loi.*

Cette signature est lourde de conséquence. Elle constitue en tout premier lieu la garantie que vous avez été informé de la réalité de l'infraction. Au-delà, lorsque cette infraction peut entraîner un retrait de points, signer revient à reconnaître que vous avez été informé de ce risque. Cela n'a l'air de rien, et pourtant, cette information constitue pour la justice la pierre angulaire du reste de la procédure. Sans la preuve que vous avez été correctement avisé, la légalité du retrait de points n'est plus garantie. Ce manquement volontaire est donc le point de départ de toute contestation, mais aussi un atout indispensable pour que celle-ci soit couronnée de succès.

Le piège du paiement immédiat

C'est le piège parfait : payez tout de suite, ça vous coûtera moins cher ! La proposition semble intéressante. En réglant au moment du contrôle, l'amende forfaitaire prévue par la loi est minorée de quelques euros. Pour un feu orange grillé ou un défaut de certification d'assurance, celle-ci passe de 35 € à 22 €. Pour un feu rouge ou une ceinture, vous en serez quitte pour 90 € au lieu de 135 €. Une bonne affaire ? Pas vraiment.

En payant l'amende immédiatement, vous reconnaissez l'infraction qu'on vous reproche mais, surtout, vous vous interdisez tout recours. En clair, le paiement entraînera le retrait de points sans autre forme de procès. Que valent quelques euros de plus face à un permis invalidé ?

17 *Peu importe que vous soyez en tort ou non, le bon réflexe consiste à refuser toute transaction au moment du contrôle. Si l'agent vous propose ce « bon plan », déclinez tout simplement.*

De fait, la loi n'impose aucune échéance pour le règlement de l'amende. Mieux, vous disposez en réalité d'un délai de 3 jours pour bénéficier du tarif minoré. Prenez ce temps pour réfléchir et analysez le P.V. qui vous a été remis lors du contrôle. Celui-ci renferme peut-être l'une des erreurs de procédure évoquées dans ce livre. Reportez-vous au chapitre concernant l'infraction reprochée, et estimez vos chances en cas de contestation. Si vous ne souhaitez pas faire de recours, payez l'amende, et inscrivez-vous le plus rapidement possible à un stage de récupération de points. Si tout va bien, votre permis sera recrédité (dans la limite de 12 points) avant même que le retrait ne soit prononcé.

II
L'ÉPREUVE DE LA GARDE À VUE

Le mot seul fait déjà peur. Il ne devrait pas. Cela n'est pas réservé aux seuls voyous patentés ou criminels convaincus. Il suffit de voir le nombre de personnalités et de politiques qui y sont passés !

La garde à vue est une mesure judiciaire qui vous prive de votre liberté d'aller et de venir pendant un temps limité. Concrètement, elle se déroule dans un commissariat ou un local de gendarmerie. Pendant le temps de la garde à vue, vous êtes enfermé, sans possibilité de sortir. Très encadrée, elle ne peut être prise que si vous êtes suspecté d'un délit. En droit de la route, seules certaines infractions sont donc concernées : conduite sans permis, accident de la route avec dommages corporels, conduite sous l'emprise d'alcool au-delà de 0,40 mg/l d'air expiré, refus de souffler lors d'un test d'alcoolémie, conduite sous l'emprise de stupéfiants, récidive d'excès de vitesse de plus de 50 km/h, refus d'obtempérer, délit de fuite, obstacle à la mise en fourrière d'un véhicule.

Parce qu'elle vous prive de liberté, la garde à vue répond à des règles très strictes. Elle dure 24 heures, renouvelable une fois. Elle est placée sous le contrôle d'un magistrat qui décide de la lever ou de la prolonger. Elle vous ouvre également certains droits : celui de prévenir votre famille, ou de faire appel à un avocat dès la première heure. Durant le temps de la garde à vue, vous serez interrogé par un officier de police judiciaire sur les faits reprochés. Si cette audition s'étire, vous serez placé dans un local de garde à vue pour vous reposer. À l'issue de la mesure, vous repartirez avec une convocation au tribunal correctionnel, sauf rares exceptions.

Dans tous les cas, restez calme et serein. Sans être anodine, la garde à vue n'est pas la prison. Elle est une mesure qui permet aux policiers ou gendarmes de vous garder à l'œil. Elle est aussi un moment important pour les forces de l'ordre, qui vont s'atteler à accumuler le maximum de preuves contre vous durant ce court laps de temps. Dès lors, le jeu va consister à leur en donner le moins possible, comme la loi vous y autorise. Ce sera alors à l'officier d'établir la preuve de votre culpabilité. Ne lui mâchez pas le travail !

La notification : veillez à vos droits

Lorsque vous êtes arrêté pour un délit, suivez les recommandations édictées précédemment. À l'issue du contrôle, votre garde à vue vous sera notifiée, soit sur place, soit au commissariat ou à la gendarmerie où vous serez emmené, la plupart du temps sans menottes.

18 *À cet instant, l'officier de police judiciaire qui prononce la mesure doit vous préciser oralement vos droits :*

- *possibilité de demander un examen médical;*
- *de passer un coup de fil à un proche ou à votre employeur pour l'informer de la garde à vue;*
- *de bénéficier de l'assistance d'un avocat;*
- *de garder le silence durant l'audition.*

Une seule omission dans cette liste, et la procédure sera nulle. Tendez bien l'oreille!

Le premier réflexe doit être d'accepter de vous faire assister par un avocat. Si vous n'en connaissez pas, demander à l'officier de police judiciaire de vous en faire désigner un. Celui-ci va appeler le barreau local, qui va à son tour contacter un avocat de permanence.

19 *Si vous n'avez pas les moyens de le payer, vous devrez faire ultérieurement une demande d'aide juridictionnelle auprès du tribunal de grande instance afin qu'il prenne en charge les frais (sous conditions de ressource).*

Une fois le coup de fil passé, l'avocat dispose de deux heures pour se présenter. Passé ce délai, les forces de l'ordre pourront commencer l'audition en son absence. Au préalable, vous serez délesté de vos effets personnels, dont la liste doit faire l'objet d'un premier procès-verbal. En repartant, vérifiez que rien ne manque.

multirécidivistes sont réellement menacés par ce type de sanction lourde. Même si vous êtes en tort, l'absence d'antécédents judiciaires et une vie personnelle et professionnelle bien établie devraient vous permettre de vous en tirer, au plus, avec une peine de prison avec sursis.

Partie 3

Vous rouliez à combien ?

Avec l'alcool au volant, la vitesse, responsable à elle seule de 80 % des points retirés chaque année, est considérée comme la principale cause des accidents en France. Elle constitue aussi, une sacrée martingale pour l'État ! En 2013, les 4 200 radars fixes et mobiles ont rapporté pas moins de 800 millions d'euros ! Une fois déduits les coûts d'entretien et de fonctionnement des appareils, chaque machine a rapporté à elle seule près de 140 000,00 €.

S'ils sont si lucratifs, c'est parce que les excès de vitesse peuvent vous coûter cher. Cible préférée des politiques de sécurité routière, ils font l'objet d'une répression sans cesse accrue, rendue encore plus facile à appliquer depuis l'apparition des radars fixes dans les années 2000 (plus de 2 300 appareils en service aujourd'hui). En théorie, un seul km/h au-dessus de la limitation et vous êtes en infraction ! La facture diffère néanmoins selon les cas :

- **excès de moins de 20 km/h au-dessus de la vitesse autorisée** (quand la vitesse limite est supérieure à 50 km/h) : 68 € d'amende et un point en moins ;
- **entre 20 km/h et 30 km/h** : 135 €, deux points ;
- **entre 30 km/h et 40 km/h** : 135 €, trois points, risque de suspension de permis jusqu'à 3 ans ;
- **entre 40 km/h et 50 km/h** : 135 €, quatre points, risque de suspension de permis jusqu'à 3 ans et de confiscation du véhicule ;

- **au-dessus de 50 km/h** : il n'y a pas d'amende forfaitaire proposée par les forces de l'ordre. Vous comparaîtrez devant un tribunal de police qui déterminera le montant de l'amende dans la limite de 1 500 €. En cas de condamnation, 6 points vous seront retirés, votre véhicule pourra être confisqué et votre permis suspendu jusqu'à 3 ans. En cas de récidive, il s'agit d'un délit : jugé par le tribunal correctionnel, vous risquez 3 mois de prison (ferme ou avec sursis), et jusqu'à 3 750 € d'amende. La confiscation du véhicule est automatique et votre permis peut être suspendu là encore pour une durée maximale de 3 ans.

Ça vous a refroidi ? N'ayez crainte. Comme dans toute bonne guerre, pour bien se défendre, commençons par bien connaître notre ennemi.

I
Radar fixe, mobile, tronçon

Il existe trois grandes familles de radars, souvent mal connues voire confondues les unes avec les autres.

- **Radar fixe (ou automatique)** : ce sont les fameuses cabines qui fleurissent le long de nos routes. Ces machines qui essaiment depuis le début des années 2000 peuvent vous flasher par l'avant, ou par l'arrière selon les modèles. Elles sont généralement signalées par un panneau indicateur quelques centaines de mètres en amont. La photo est envoyée par le réseau mobile à un centre de traitement automatisé qui va lui-même vous faire parvenir l'avis de contravention à votre domicile.
- **Radar mobile** : ce sont tous les radars manipulés par les forces de l'ordre. Trépieds, jumelles, pistolets, embarqués dans une voiture ou non Souvent les automobilistes pensent, à tort, que le terme « mobile » ne désigne que les radars en mouvement, c'est-à-dire installé à bord d'un véhicule, un préjugé créateur de confusion. Une fois l'infraction constatée, vous serez

interpellé, et un P.V. vous sera remis. Ces appareils ne produisent pas de photographies.

- **Radar tronçon** : ce sont les nouveaux radars fixes capables de mesurer la vitesse moyenne d'un automobiliste entre deux points distants de plusieurs centaines de mètres. Il s'agit d'éviter le coup de frein avant le radar suivi de l'habituel coup d'accélérateur une fois celui-ci dépassé. Ils enregistrent chaque plaque d'immatriculation à l'entrée et à la sortie du tronçon, puis calculent la vitesse moyenne. Si celle-ci est au-dessus de la limite autorisée, vous recevrez automatiquement l'avis de contravention à votre domicile. Équipés de caméras infrarouges, ces appareils ne vous flashent pas et sont donc « indolores ». On en compte aujourd'hui une quarantaine répartie dans tout le pays.

Si ces machines perfectionnées donnent le sentiment de ne pas pouvoir contester l'infraction, il n'en est rien. La technologie, aussi pointue soit-elle, n'est pas moins faillible que l'homme. Surtout, une partie du traitement des excès de vitesse reste à la charge des forces de l'ordre, dans le cas des radars mobiles notamment, ouvrant la voie aux fautes de saisie et autres erreurs d'appréciation. Voici comment en profiter.

II
Vitesse relevée, nid à bourdes

Nombreux sont les P.V. pour excès de vitesse rédigés à la va-vite. Soumis au culte du chiffre et pressés par le temps, policiers et gendarmes font de nombreuses erreurs au moment de remplir l'avis de contravention. Les plus fréquentes concernent précisément les vitesses relevées. Ces bourdes doivent vous profiter. D'abord, parce qu'elles rendent impossibles la vérification de la vitesse réelle à laquelle vous rouliez, et donc l'établissement de votre culpabilité. Ensuite, parce que lorsque c'est vous qui faites une bêtise, les autorités ne vous ratent jamais. À votre tour, ne les ratez pas !

Analysez et comparez les chiffres indiqués

J'ai vu défiler des dizaines d'automobilistes poursuivis pour des excès de vitesse farfelus. Une fois en possession du P.V., regardez attentivement les vitesses indiquées. Il y en a trois. D'abord, la vitesse mesurée. C'est celle affichée par le radar au moment du contrôle. Ensuite, la vitesse retenue.

Elle tient compte de la marge d'erreur de l'appareil (voir plus bas). C'est sur cette vitesse que se fondent les poursuites contre vous. Enfin, la vitesse limite de la portion de voie que vous empruntiez.

21 *Analysez bien ces chiffres car ils peuvent avoir été tout bêtement inversés.*

J'ai vu à de nombreuses reprises des vitesses relevées à 70 km/h sur des portions de voie limitées à 130 km/h ! De même il peut arriver qu'une contravention pour un excès de vitesse supérieur à 50 km/h soit dressée pour un écart de seulement 10 ou 20 km/h. Tous ces cas sont issus de procédures réelles. Bien entendu, chacune de ces contraventions a été annulée après contestation. Ne laissez filer aucune erreur.

La pondération vous profite toujours

22 *La vitesse sur laquelle est fondée la contravention est celle retenue après une pondération tenant compte de la marge d'erreur propre à chaque radar. Pour les radars fixes, cette marge est de 5 km/h pour les vitesses inférieures à 100 km/h, et de cinq centièmes de la vitesse mesurée au-delà. Pour les radars mobiles, elle est de 10 km/h en dessous de 100 km/h, et de dix centièmes de la vitesse mesurée au-delà.*

Ces chiffres peuvent en théorie s'ajouter ou se soustraire à la vitesse mesurée en fonction des cas. En réalité, la loi vous fait une fleur, et part du principe que l'appareil va toujours surévaluer la vitesse contrôlée. Le compteur retenu pour établir l'infraction est donc celui mesuré par l'appareil, auquel l'administration soustrait la marge d'erreur. Ainsi, un automobiliste flashé à 90 km/h par un radar fixe sur une route limitée à 80 km/h sera poursuivi pour un excès de vitesse à 85 km/h seulement.

Cette règle légale est le plus souvent suivie par les autorités lors des contrôles. Pourtant, certains P.V. n'en tiennent pas compte, et retiennent la contravention correspondant à la vitesse mesurée. Soyez vigilant. Exemple : un radar mobile qui vous flashe à 100 km/h sur une route limitée à 50 km/h doit entraîner des poursuites pour un excès de vitesse de 40 km/h, grâce à la pondération. Si ce n'est pas le cas, contestez sans attendre, l'amende et le retrait de points encourus sont bien moindres.

III
La faille du point kilométrique

C'est l'une des erreurs les plus courantes des autorités. Et une belle opportunité de faire annuler la contravention !

Le point kilométrique est le lieu précis où votre excès de vitesse a été commis. C'est un élément essentiel pour établir l'infraction, car la justice doit être en mesure de vérifier la vitesse limite de la portion de voie en question. La loi l'exige : si cette information est manquante, la contravention n'a aucune valeur juridique.

Vous rouliez à quelle adresse ?

Sur le procès-verbal qui est remis à l'automobiliste, il est rare qu'aucun lieu ne soit mentionné. Celui-ci figure sur la partie « lieu de la contravention » sur les P.V. établis lors d'un contrôle avec interpellation, ou « date/heure et lieu de l'infraction » sur ceux rédigés après un contrôle automatique ou à la volée.

23 *Mais le plus souvent cette information n'est pas assez précise, conséquence d'un manque de temps ou de rigueur de l'agent verbalisateur. Parmi les erreurs les plus courantes :*

- *« route nationale 6 en direction de... » ;*
- *« à hauteur ou à proximité immédiate du bâtiment, de l'école, du supermarché... » ;*
- *« zone industrielle X » ;*
- *« aux abords du carrefour Y » ;*
- *« route de campagne de la commune Z ».*

Ces exemples ont fait l'objet de jugements qui ont tranché en faveur de l'automobiliste verbalisé : ces indications sont trop imprécises. Lors de la remise ou à la réception du P.V., si vous constatez ce type d'information imparfaite, il faudra immédiatement contester la contravention (voir « Contester, mode d'emploi », p. 127).

Pour être valide, le lieu de l'infraction doit reposer sur un point fixe et facilement identifiable. Ce point est variable en fonction de la voie sur laquelle vous circuliez au moment de l'infraction.

- **Autoroute** : point kilométrique. Ce sont les fameuses bornes qui jonchent les barrières de sécurité. Sur le P.V., il est abrégé en « PK » suivi d'un numéro.
- **Route** : point routier. Même principe que le point kilométrique mais il se rencontre plus fréquemment sur les routes départementales ou nationales. Il est abrégé en « PR » suivi d'un numéro.
- **Agglomération :** numéro de rue, ou numéro de lampadaire (aussi appelé candélabre) jouxtant la voie, ou numéro de feu tricolore. Ces informations ne sont pas pour autant toutes infaillibles. Dans le cas d'un

lampadaire ou d'un feu rouge provisoire, il est possible que celui-ci ait été déplacé depuis l'infraction, rendant, là encore, le P.V. contestable. Si vous habitez à proximité, n'hésitez pas à vous déplacer pour vérifier ce point. Une bonne surprise vous y attend peut-être !

IV
Photo : le jeu des 7 erreurs

Comme nous l'avons vu, il existe deux types de contrôle de vitesse : le radar mobile et le radar automatique. Seul ce dernier vous prend en photo, le radar mobile n'étant pas équipé d'un système de prise de vue.

Cette photo constitue un élément matériel, une « preuve » importante que vous avez commis l'infraction. En réalité, ce document, aussi infaillible qu'il paraît, est truffé de failles. Profitez-en !

Exigez le cliché

Quels que soient le lieu ou les circonstances de l'excès de vitesse, un flash produit toujours une photo. Ce document est transmis par l'appareil à un service de traitement spécialisé. Grâce à ce cliché, les autorités vont se concentrer sur la plaque d'immatriculation, et remonter la trace de la carte grise. La procédure judiciaire est automatiquement ouverte au nom du propriétaire – même s'il n'était pas le conducteur – qui reçoit une convocation à la gendarmerie ou au commissariat pour les excès de vitesse de plus de 50 km/h, ou un avis de contravention pour les excès mineurs. Dans ce dernier cas, vous pouvez solliciter une copie du cliché en adressant une simple demande au centre automatisé de constatation des infractions routières dont l'adresse figure sur l'avis. Après contestation, vous serez alors convoqué devant un tribunal de proximité, et la photo automatiquement jointe au dossier. Dans le cas d'une convocation au poste, vous êtes en droit d'exiger que la photo vous soit montrée. Ici, la contestation se fait directement face au policier. Avant même qu'il vous montre le cliché, l'agent va tenter de vous cuisiner. « J'ai la photo, dites-moi que c'est vous. » Le piège est énorme, ne tombez pas dedans. Répondez simplement et poliment : « Je veux voir la photo. »

Vous n'êtes pas reconnaissable : niez

Le cliché est là, posé devant vous. Bonne surprise : dans l'immense majorité des cas, le conducteur du véhicule est peu ou pas identifiable. Deux raisons à cela.

24 *Pour pouvoir contrôler les motards, de plus en plus de radars sont retournés afin de flasher par-derrière. Une pratique qui facilité l'identification des plaques pour les deux-roues, mais rend totalement anonyme le conducteur d'une automobile.*

Pour les radars flashant par-devant, plusieurs facteurs peuvent rendre l'automobiliste méconnaissable : la météo (nuit, brouillard, forte averse...), un pare-soleil baissé... Saisissez cette chance : niez être le conducteur !

Bien entendu, l'officier ou le tribunal ne manquera pas de vous interroger sur votre emploi du temps au moment de l'infraction. La meilleure parade consiste à préparer une réponse qui empêchera toute vérification : « J'étais seul chez moi. »

Puisque ce n'était pas vous, la question suivante portera évidemment sur l'identité du conducteur : était-ce un ami, un collègue, un membre de votre famille ? Ne vous faites pas avoir : refusez de répondre. La loi n'impose à personne l'obligation de dénoncer. Encore une fois, c'est le rôle des autorités de prouver qui est l'auteur.

Vous êtes reconnaissable : vérifiez la régularité du procès-verbal

Même si ces cas sont peu fréquents, il peut arriver que vous soyez parfaitement reconnaissable sur la photo.

25 *La partie n'est pas perdue pour autant : deux voitures flashées sur le même cliché, ou un oiseau qui passe devant le radar, peuvent permettre d'annuler la procédure au tribunal.*

Le procès-verbal en lui-même peut également comporter un certain nombre d'erreurs : point kilométrique, modèle du radar, vitesse relevée. Reportez-vous au chapitre concerné (« La faille du point kilométrique », p. 66, « Vitesse relevée, nid à bourdes », p. 63) avant d'abandonner toute volonté de contester.

Erreur sur la personne !

Dans votre vie d'automobiliste, il pourra arriver que vous receviez des contraventions pour des excès de vitesse dont vous n'êtes pas responsable. En général, il s'agit d'une infraction commise par un tiers (proche, ami, collègue…) avec votre véhicule. Le problème est que c'est le propriétaire de ce dernier qui est automatiquement poursuivi, et qui risque donc amende et retrait de points, même s'il n'est pas le conducteur fautif.

26 *Si vous êtes convoqué au commissariat ou à la gendarmerie (excès de vitesse de plus de 50 km/h), demandez, là encore, à voir la photo. L'officier se rendra bien compte qu'il ne s'agit pas de vous, et tentera immédiatement de connaître l'identité du conducteur. Il suffira de refuser, comme la loi vous y autorise.*

Si vous recevez le P.V. à domicile (excès de vitesse de moins de 50 km/h), contestez celui-ci, une audience se tiendra alors au tribunal. De la même manière, les juges s'apercevront que vous n'êtes pas la personne sur la photo, et tenteront de connaître l'identité du conducteur. Là encore, ne dites rien, c'est votre droit.

V
Un radar en règle sinon rien

Il existe en tout une quinzaine de modèles de radars fixes ou mobiles. Tous ces appareils sophistiqués font l'objet d'une procédure d'homologation puis de vérification régulière de leur bon fonctionnement. Un détail ? Pas du tout. Car c'est sur la foi de cette machine électronique que repose votre supposée culpabilité. En la matière, aucun doute ne doit être possible. Les tribunaux le savent, et exigent donc que les forces de l'ordre ne fassent preuve d'aucune négligence en la matière. Heureusement pour vous, c'est rarement le cas.

La marque ne suffit pas

Le procès-verbal ou l'avis de contravention doivent mentionner la marque du modèle de radar utilisé lors du contrôle. Cette information est rarement omise par les forces de l'ordre : Mesta, Eurolaser, LTI…

27 *Mais ce qu'elles ignorent souvent, c'est que cette indication est généralement jugée insuffisante par la jurisprudence. Le modèle précis doit également être renseigné : Mesta 1000, LTI Ultralyte 100 LR... Soyez vigilant : la gamme du modèle est parfois renseignée, mais pas le modèle précis.*

Ainsi, la marque LTI ne propose pas moins de sept produits différents sous l'appellation Ultralyte : 100 LR, LRB, Compact... Le képi qui vous a contrôlé n'a aucune excuse : cette information s'affiche à l'allumage de l'appareil. En l'absence de cette mention précise, une contestation s'impose.

Une homologation et un contrôle vérifiable

Chaque appareil fait l'objet d'une homologation officielle autorisant son fonctionnement sur le territoire français.

28 *Ce numéro à 11 chiffres est indispensable, et bien souvent, la place sur le P.V. manque pour que celui-ci soit correctement noté par les forces de l'ordre.*

Résultat : numéro tronqué ou carrément absent. Là encore, les juges considèrent que cette omission ne garantit pas les droits de la défense de l'automobiliste qui n'a aucune preuve que le modèle utilisé était bien conforme.

29 *De même, chaque machine est vérifiée lors d'un contrôle technique annuel permettant de s'assurer de sa bonne marche. Le P.V. doit à la fois mentionner la date de la dernière vérification, celle de sa validité avant le prochain contrôle, et le nom de l'organisme vérificateur.*

Par simple manque de temps ou par ignorance de la jurisprudence les forces de l'ordre ne prennent guère le soin de remplir l'ensemble de ces informations, ouvrant la voie à la nullité de la procédure. Par ailleurs, soyez attentif : le nom de l'organisme vérificateur (LNE, Laboratoire national d'essai) est parfois confondu par les forces de l'ordre avec celui du modèle de radar. Une aubaine pour vous.

Agents où êtes-vous ?

C'est une décision de la cour d'appel de Paris datant de 2009 qui a ouvert la brèche.

30 *Dans un arrêt rendu contre un automobiliste flashé qui avait contesté l'infraction, les juges ont estimé que l'absence, sur le P.V., du positionnement géographique précis d'un radar mobile et donc des agents qui se trouvaient derrière devait entraîner l'annulation des poursuites.*

La raison est simple : chaque cinémomètre est fabriqué pour une portée d'utilisation précise qui va de 0 à 1 km pour les modèles les plus perfectionnés. Or si celui-ci, lors d'un contrôle, est placé à 1,5 km du véhicule flashé, la fiabilité de sa mesure, et donc de la vitesse relevée, n'est plus du tout garantie. La justice considère donc que le doute créé doit profiter à l'automobiliste. Vérifiez une fois de plus que ce point crucial figure donc en toutes lettres sur le procès-verbal. Sinon, rendez-vous au tribunal, vos chances de victoires sont réelles.

VI
Détecteur de radars, la grande hypocrisie

Depuis un décret de janvier 2012, les détecteurs (ou plus correctement « avertisseurs ») de radars sont eux aussi à l'amende. Posséder l'un de ces petits boîtiers antiképi peut vous valoir une amende de 5e classe : 1 500 €, et 6 points en moins sur votre permis. Rien que ça ! Son utilisation n'est pas obligatoire : le simple fait d'en posséder un à bord, même éteint, suffit en théorie à caractériser l'infraction. Une contravention qui touche directement les 12 à 14 millions d'automobilistes qui s'en servent quotidiennement, sans compter les 6 millions d'utilisateurs d'applications smartphone dédiées !

En prenant cette décision, l'État a dû composer avec un petit détail : l'un des leaders du marché est une entreprise française florissante qui voyait son activité directement menacée par la nouvelle réglementation. Il a donc fallu trouver un moyen de protéger ce fleuron industriel, tout en s'assurant que les appareils ne soient pas aussi efficaces qu'avant. Un vrai numéro de contorsionniste ! Résultat : les avertisseurs vous préviennent désormais de votre arrivée dans une « zone dangereuse » susceptible – ou non – de cacher un méchant radar. Des avertisseurs qui vous avertissent sans vraiment vous avertir. Au passage, les précieux objets ont été rebaptisés « assistant d'aide à la conduite ». Bonjour l'hypocrisie !

31 *Concrètement, les nouveaux appareils vous préviennent désormais de votre entrée dans une zone à risque mais sans plus de précision. Elles s'étendent de 4 km sur autoroute, 2 km hors agglomération, et 300 mètres en ville.*

Ces zones sont réparties en deux catégories :

- **les zones dangereuses** : en les traversant vous êtes susceptibles de croiser un radar fixe, mais aussi un virage serré, un passage à niveau ;
- **les points de danger** : ils concernent les appareils communicants qui transmettent des informations en temps réel, et vous indiquent un possible radar mobile, obstacle au trafic, accident, travaux temporaires

Si 100 % des radars sont signalés par une zone ou un point de danger, chacune d'elle ne cache pas nécessairement un radar. Quant au système participatif qui permet aux possesseurs de ces petites machines de signaler la localisation d'un radar mobile, il est maintenu mais seule la présence d'un « point de danger » sans davantage de précision peut être ainsi partagée. Leur efficacité pour détecter ce qui nous intéresse vraiment – les radars – s'en trouve donc fortement amoindrie.

Si tous les nouveaux modèles intègrent d'office ces changements, les anciens appareils doivent être mis à jour par l'utilisateur pour éviter d'être en infraction. Faut-il faire la manipulation ? Il est difficile de vous inciter à vous mettre en porte-à-faux avec la loi.

32 *Néanmoins, sachez qu'en cas de contrôle, policiers et gendarmes n'ont pas le droit de pénétrer à l'intérieur de votre véhicule et de s'emparer du petit boîtier pour vérifier que la mise à jour a bien été réalisée.*

Difficile dans ces conditions de vous dresser une contravention, sauf à ce que vous admettiez ne pas l'avoir fait, ce qu'aucun texte ne vous oblige à faire. Cette règle souffre deux exceptions : policiers et gendarmes peuvent bénéficier d'une autorisation spéciale du procureur de la République leur permettant une telle manipulation dans le cadre d'opérations de contrôle spéciales et ciblées. Elles sont très rares. Enfin, les fonctionnaires des douanes, mobiles ou non, peuvent quant à eux procéder à cette vérification à tout moment lors d'un contrôle. À vous de peser le pour et le contre !

Partie 4

Boire ou fumer ou conduire…

Boire ou conduire, la société a choisi. Depuis 2002, l'alcool au volant est devenu la principale cible des politiques de sécurité routière, et reste aujourd'hui considéré comme la première cause d'accident mortel sur les routes.

En France, vous êtes en infraction à partir d'un taux de 0,5 g d'alcool par litre de sang. Ce chiffre correspond à 0,25 mg par litre d'air expiré lorsque vous soufflez dans l'appareil qui vous est tendu par l'agent. Un verre type de bière, de vin ou de whisky contient à peu près la même dose d'alcool, soit 0,125 mg/l d'air expiré. Il suffit donc de deux verres pour atteindre la limite fixée par la loi.

Voici ce que vous risquez.

- **À partir de 0,25 mg/l et jusqu'à 0,39 mg/l** : 6 points en moins et 135 € d'amende. Il s'agit d'une « simple » contravention. Vous pourrez la contester, le tribunal de police tranchera les vices de procédure que vous plaiderez.
- **0,40 mg/l et au-delà** : il s'agit d'un délit, et vous risquez donc un placement en garde à vue suivi d'une comparution devant un tribunal correctionnel. La peine encourue est de deux ans de prison et jusqu'à 4 500 € d'amende. En cas de condamnation, les autorités administratives vous retireront d'emblée 6 points.

Dans les deux cas, les sanctions peuvent également comprendre une suspension, voire une annulation du permis de conduire, notamment s'il y a récidive.

Autre cible de la sécurité routière, la drogue au volant est aussi sévèrement réprimée. Le dépistage est systématique en cas d'accidents corporels, mais aussi dès qu'il y a suspicion d'usage de stupéfiants en marge d'un contrôle routier, quel que soit son motif initial. Considérée comme un délit, l'emprise d'une drogue lorsque vous conduisez peut vous mener en garde à vue puis devant un tribunal, où vous risquez deux ans de prison et 4 500 € d'amende en plus d'un retrait de 6 points du permis, voire d'une suspension ou d'une annulation de celui-ci.

De plus en plus durement sanctionnées, ces infractions ne sont pas synonymes de condamnations automatiques. Pour éviter toute peine abusive, la loi pose un certain nombre de règles à suivre lors des contrôles, qui constituent autant de vices possibles à soulever pour le conducteur épinglé. Là encore, pas de fatalité : défendez-vous !

I
Soufflez à pleins poumons

Nous l'avons vu précédemment, refusez de reconnaître l'infraction reprochée est l'une des clés d'une bonne défense. De la même manière, il pourrait être tentant de ne pas vouloir souffler dans le détecteur (éthylotest) ou l'appareil de mesure (éthylomètre) de l'alcoolémie.

Lors d'un contrôle d'alcoolémie, vous serez d'abord invité à souffler dans un éthylotest. Si ce test est positif, direction le commissariat ou la gendarmerie ou l'éthylomètre permettra de mesurer au milligramme près votre niveau d'alcoolémie.

33 *Dans les deux cas, soumettez-vous au contrôle sans broncher. Refuser de souffler est un délit à part entière : vous ne risquez pas moins de deux ans de prison et 45 000 € d'amende, peine qui peut être assortie d'une suspension voire d'une annulation de permis.*

Le simple fait de refuser l'éthylomètre suffit à caractériser le délit, mais la punition est la même si vous y mettez de la mauvaise volonté : souffler à côté de l'embout, trop faiblement en prétextant une bronchite, etc.

Pire, le « délit de refus de se soumettre à un contrôle d'alcoolémie » peut être couplé à un « délit d'ivresse manifeste » si vous êtes effectivement sous l'emprise de l'alcool. Pour ce faire, l'agent remplira une simple fiche qui renseignera l'odeur de votre haleine, votre élocution, votre sens de l'équilibre... Cette infraction est également punissable de deux ans de prison et 45 000 € amende.

Pour vous mettre à l'abri, un seul conseil : soufflez à pleins poumons ! Une fois le test passé, soyez néanmoins attentif au bon fonctionnement de l'appareil, ballon ou éthylomètre.

34 *Si vous constatez ou entendez les agents évoquer une anomalie, exigez que ce point soit inscrit au procès-verbal, c'est un droit que l'on ne pourra pas vous refuser. À elle seule cette mention permettra de mettre en doute la régularité de la procédure. Vous ne pouvez pas exiger une prise de sang à la place de l'éthylomètre.*

Seule exception à cette règle : si vous êtes atteint d'un trouble respiratoire – qui doit être sérieux, prouvable et actuel. Vous serez alors transporté à l'hôpital pour le prélèvement, et les résultats vous seront notifiés par courrier.

II
Profitez du délai de 30 minutes

La loi fixe un certain nombre de règles que doivent suivre les autorités pour qu'un contrôle d'alcoolémie soit valide. Parmi elles, le délai de 30 minutes obligatoire n'est pas toujours respecté, loin s'en faut. Ce délai légal est une précaution exigée par les fabricants d'éthylomètre pour garantir la fiabilité du contrôle. Si l'automobiliste a fumé, bu ou mangé dans les 30 minutes précédant l'arrestation, l'appareil produira des résultats plus élevés que votre taux réel. Il est donc nécessaire de laisser courir cette demi-heure entre l'interpellation et le contrôle éthylométrique à proprement parler pour que la procédure soit valide aux yeux de la loi.

Au moment du contrôle, agissez comme si vous ignoriez cette règle. Deux cas de figure vont alors se présenter. Soit les agents qui vous interpellent sont en possession d'un éthylomètre. Soit ils n'ont pas d'éthylomètre (cas le plus fréquent) et vont vous emmener au commissariat ou à la gendarmerie pour procéder au test.

Ces heures doivent apparaître distinctement sur le procès-verbal qui vous est remis en mains propres à l'issue du contrôle :

- « l'interpellation du prévenu a eu lieu à XX heures » ;
- « le premier contrôle par éthylomètre a été effectué sur la personne du prévenu à XX heures ».

Il n'est pas rare que pour gagner du temps, ou par simple négligence, l'agent soit allé trop vite, et que ces horaires laissent apparaître un délai inférieur à 30 minutes. Si cette erreur apparaît, vous allez pouvoir engager une contestation en précisant ce point avec de vraies chances de succès.

Mais attention : relever cette bourde ne suffit pas. Il va falloir prouver que le respect de ce délai s'imposait, c'est-à-dire, que vous aviez fumé, mangé, ou bu de l'alcool dans les 30 minutes précédant le contrôle.

Pour cela, il convient d'apporter au tribunal tous les documents qui, à défaut de prouver à coup sûr une telle consommation, instilleront le doute. Pour la boisson, l'addition d'un restaurant, un ticket de paiement par carte bancaire, un ticket de paiement de parking proche d'un restaurant ou d'un débit de boissons, voire les témoignages écrits de vos convives ou du patron de l'établissement joueront grandement en votre faveur. Pour la cigarette, des témoignages de passagers de la voiture ou de convives attestant vous avoir vu fumer peu avant le contrôle sont les seules pièces que vous pourrez produire. Ne négligez aucun de ces documents, le tribunal y sera très sensible au moment d'examiner votre bonne foi.

III
Exigez deux analyses

Nous l'avons vu, il ne faut jamais refuser de souffler au moment d'un contrôle d'alcoolémie au risque d'avoir des ennuis bien plus graves. En revanche, vous avez tout à fait le droit de souffler deux fois. Pour le plaisir ? Bien sûr que non.

L'examen par éthylotest (ballon ou électronique), par lequel le contrôle d'alcoolémie commence, n'est pas concerné. Si ce premier examen est positif, vous allez être emmené au commissariat ou à la gendarmerie pour souffler dans l'éthylomètre, seul appareil jugé fiable et sur lequel va donc s'appuyer la procédure.

35 *C'est là que l'astuce du deuxième test entre en jeu. La loi vous autorise en effet à demander à souffler deux fois coup sur coup. Ce n'est pas un détail : le législateur vous permet ainsi de tester en direct la fiabilité de la machine.*

Une fois le premier test passé, exigez rapidement une deuxième tentative. Le temps de préparer l'appareil, une dizaine de minutes vont défiler. Soufflez à nouveau. En fonction du délai qui s'est écoulé depuis votre dernier verre, ce taux va varier différemment :

- **mois d'une heure** : le taux du deuxième test doit être légèrement supérieur au premier ;
- **une heure :** il doit être identique ou presque ;
- **plus de trois heures** : il doit être légèrement inférieur.

Si le taux affiché ne correspond pas à ce qu'il devrait être, vous avez là un motif de contestation solide. L'appareil était-il défaillant, mal réglé ? L'argument mérite d'être porté jusqu'au tribunal qui pourra juger cet élément suffisamment troublant pour vous accorder le bénéfice du doute.

Cette astuce en cache une autre.

36 *À chaque contrôle d'alcoolémie par éthylomètre, l'agent doit changer l'embout jetable par lequel vous soufflez, et le remplacer par un neuf.*

C'est une règle de base bien connue des forces de l'ordre, et souvent respectée. ***Mais effectuer cette manipulation ne suffit pas : il faut aussi que ce changement d'embout figure en toutes lettres sur le procès-verbal qui est remis dans le dossier avant l'audience de tribunal.*** Ce simple oubli est considéré par certains tribunaux comme un motif suffisant pour annuler la procédure.

IV

Un éthylomètre irréprochable

C'est sans doute l'une des erreurs des forces de l'ordre les plus fréquentes en matière d'alcoolémie. Pour être valable, un contrôle par éthylomètre doit être d'une fiabilité indiscutable : c'est sur cette simple machine que repose votre destin. Qu'y aurait-il de plus injuste qu'un test qui vous condamnerait à un retrait de points, une suspension de permis, voire une peine de prison, alors que vous n'avez rien à vous reprocher ?

C'est pour éviter à tout prix ce type d'injustice aux conséquences potentiellement lourdes que la loi a prévu une homologation officielle et un examen technique très strict de ces appareils. Chacun d'entre eux doit faire l'objet d'une vérification annuelle réalisée par un organisme indépendant. C'est heureux, mais encore faut-il que cette homologation et cette vérification soient réalisées, et qu'elles puissent être prouvées par les forces de l'ordre si la justice le souhaite.

Un appareil en bon état de marche

La loi, complétée par de multiples décisions des tribunaux, ne transige pas sur ce point.

37 *Il faut que le procès-verbal de vérification éthylométrique comporte les éléments suivants :*

- ***marque et référence du modèle de l'éthylomètre** : SERES de type 679T n° 4073, par exemple;*
- ***la date de la dernière vérification et le nom de l'organisme en charge de celle-ci** : « vérifié par xx le xx »;*
- ***la date limite de validité de cette vérification :** « valide jusqu'au xx ».*

La plupart du temps, les forces de l'ordre se contentent d'informations a minima, en indiquant simplement la date limite de validité de l'appareil. C'est très insuffisant.

En cas de contrôle au-delà de 0,40 mg/l d'air, ce procès-verbal de vérification éthylométrique vous sera remis le matin de l'audience devant le tribunal, avec le reste du dossier transmis par la police. Vérifiez scrupuleusement les informations qu'il contient. En cas d'omission de l'un ou plusieurs des éléments ci-dessus, le juge devrait reconnaître qu'il lui est impossible de s'assurer de la fiabilité de l'appareil et annuler les poursuites engagées contre vous. Si vous avez été contrôlé en dessous de ce taux (simple contravention), et que vous engagez une procédure en contestation, ce procès-verbal a très peu de chances d'être effectivement versé au dossier qui vous sera remis au tribunal. Une chance de plus de voir la procédure s'effondrer.

Une homologation vérifiable

Chaque cinémomètre est homologué par l'État. Cette opération certifie que l'appareil a subi des tests de fiabilité et permet son utilisation par les forces de l'ordre pendant dix ans.

38 *Ce numéro à 11 chiffres doit figurer sur le procès-verbal éthylométrique, comme l'ont déjà exigé des dizaines de cours d'appel questionnées sur ce point.*

Ces juges ont estimé qu'en l'absence de cette information, rien ne prouve que la machine a effectivement passé les tests d'homologation, créant un doute sur la légalité de la procédure intentée contre vous, et entraînant finalement la nullité de la contravention.

V

Calculez votre taux pondéré

Les éthylomètres, comme les radars, ne sont pas des machines infaillibles. La loi ne l'ignore pas, et prévoit donc une marge d'erreur à appliquer pour ne pas vous condamner sur des analyses faussées. Mais si cette pondération s'applique automatiquement pour les radars de vitesse, il n'en est pas de même pour les contrôles d'alcoolémie. Bien souvent, les forces de l'ordre ne tiennent pas compte de ce mécanisme correctif qui doit pourtant vous profiter. Et peut même vous tirer d'affaire !

39 *C'est un décret de 1985 qui définit les règles à appliquer en matière de pondération du taux d'alcoolémie. Il existe trois marges d'erreur en fonction du résultat du contrôle :*

- ***jusqu'à 0,39 mg/l :*** *elle est de 0,0032 mg/l ;*
- ***de 0,40 mg/l à 2 mg/l*** *: 8 % du taux relevé ;*
- ***au-delà de 2 mg/l*** *: 30 % du taux relevé.*

Cette valeur doit être soustraite au résultat produit par votre souffle dans l'éthylomètre via un petit calcul mathématique. Si votre taux s'élève par exemple à 0,42 mg/l, on applique l'opération 0,42 x 8 % = 0,0336 mg/l. Le chiffre obtenu doit ensuite être soustrait au taux relevé par les forces de l'ordre pour établir votre taux définitif : 0,42 – 0,0336 = 0,38 mg/l. C'est donc ce taux ainsi corrigé qui doit être utilisé pour fonder les poursuites à votre encontre. Dans cet exemple, la manipulation permet à l'automobiliste d'échapper au tribunal correctionnel (au-dessus de 0,40 mg/l) et donc à une peine de prison pour se voir imposer une « simple » amende de 4e classe (en dessous de 0,40 mg/l).

En pratique, cette opération mathématique, bien que relativement simple, n'est que rarement effectuée par les autorités. Lors du contrôle, si l'agent omet d'appliquer cette marge d'erreur dans son procès-verbal et se contente de recopier le taux affiché par l'éthylomètre, ne dites rien. Contestez l'infraction par écrit (voir « Contester, mode d'emploi », p. 127) sans révéler la bourde, et réservez cette parade pour le tribunal.

Une fois à l'audience, vérifiez le procès-verbal d'éthylométrie fourni dans le dossier pénal. Si aucune mention du type « taux d'alcoolémie après pondération » n'apparaît, cela signifie que le correctif n'a pas été appliqué. Faites valoir ce droit durant l'audience, le tribunal ne pourra pas vous le refuser. En revanche, les juges peuvent décider que cette omission n'est pas de nature à annuler la procédure. L'opération pourra néanmoins vous permettre d'échapper à des sanctions lourdes en vous faisant basculer à un niveau de poursuites inférieur. Ce n'est pas si mal !

VI
Vérifiez les pouvoirs de l'agent

En matière de contrôle d'alcoolémie, et contrairement aux autres infractions, l'interpellation est le plus souvent le fruit d'un parfait hasard. Comment savoir, à distance, qu'un conducteur est ivre ? Si certains se font remarquer par une conduite hasardeuse, la plupart des automobilistes contrôlés le sont de manière aléatoire. Cette situation est exceptionnelle au regard des règles habituelles du droit qui veulent qu'une personne puisse circuler librement à moins qu'elle ne soit suspecte d'avoir commis une infraction. Ce principe constitue d'ailleurs l'une des bases fondamentales d'un État républicain et démocratique : seule une dictature peut s'arroger le droit d'arrêter quiconque à n'importe quel moment et sans motif valable.

40 *Pour éviter les abus que confèrent ces arrestations arbitraires, la loi a prévu que seuls certains membres des forces de l'ordre possédant des pouvoirs précis ont le droit de procéder aux contrôles d'alcoolémie : les officiers de police judiciaire, aussi appelés OPJ.*

Contrairement à ce que laisse penser leur nom, ces fonctionnaires ne sont pas nécessairement gradés. Ils sont simplement titulaires d'une habilitation OPJ, décernée après un examen qui valide des connaissances juridiques approfondies. Cette habilitation leur permet de procéder à des auditions de suspect, de rédiger des procès-verbaux, mais aussi, dans le cadre du droit routier, d'imposer un contrôle d'alcoolémie à n'importe quel automobiliste, suspect ou non d'ivresse.

Dans les faits, le contrôle n'est que rarement effectué par un OPJ, que ses compétences spécifiques empêchent de quitter trop longtemps le commissariat ou la gendarmerie. Ce sont donc les autres fonctionnaires, appelés agent de police judiciaire (APJ) qui vont vous contrôler.

Ces agents peuvent vous imposer un test d'alcoolémie en marge de certaines infractions déjà commises : excès de vitesse de plus de 30 km/h, défaut de port de la ceinture, accident de la route, délit de fuite. Ils ne peuvent pas en revanche vous arrêter de façon aléatoire, sans motif valable. Cette règle comprend une exception : si l'OPJ l'y autorise expressément. En clair, l'agent qui vous fait souffler après une arrestation au hasard doit disposer d'un ordre écrit.

Au moment de l'arrestation, ne jouez pas la provocation : ne vous amusez pas à demander à l'agent s'il dispose d'un tel document car rien ne l'oblige à vous le montrer.

Prenez le procès-verbal qui vous est remis à l'issue du contrôle. Celui-ci doit expressément mentionner le nom et la qualification de l'agent verbalisateur. C'est un APJ ? Vous avez une carte à jouer. Contestez la contravention (voir chapitre « Contester, mode d'emploi », p. 127), et rendez-vous au tribunal. Si votre taux d'alcoolémie est supérieur à 0,40 mg/l d'air, la comparution est automatique.

Le jour de l'audience, vous et votre avocat allez recevoir une copie du dossier pénal rassemblant les P.V. rédigés lors de la garde à vue. Parmi ces pièces, vous allez rechercher la trace de l'ordre écrit délivré par l'OPJ : il doit mentionner clairement les heures, lieux, et le nom des agents pouvant procéder au dépistage le jour des faits. Bien souvent, ce document n'est pas communiqué par les forces de l'ordre à l'autorité judiciaire, par manque de temps ou négligence. Cette simple absence est un argument suffisant pour faire annuler la procédure.

VII
Drogue : la chance de la contre-expertise

Les contrôles antidrogue au bord de la route ne sont plus si rares. D'abord parce que les pouvoirs publics en ont décidé ainsi, considérant qu'environ 15 % des accidents graves impliquent l'usage d'un stupéfiant, usage sanctionné par deux ans de prison et 45 000 € d'amende ! La plupart du temps réalisés en marge d'un accident matériel ou corporel, ces tests peuvent être aussi imposés si vous avez déjà commis une infraction, ou à tout moment lors d'opérations de dépistage aléatoires menées sur décision du procureur de la République.

Les avancées techniques ont aussi favorisé le développement de ces examens. Le dépistage urinaire, jadis utilisé, a été abandonné au profit d'un test salivaire. Comparable dans sa forme à un test de grossesse, il est frotté sur la langue pendant quelques secondes et réagit positivement ou négativement à la présence de diverses drogues : cannabis, cocaïne, ecstasy… Comme pour le contrôle d'alcoolémie, le mieux est de ne pas reconnaître l'infraction, mais vous ne pouvez pas vous opposer au test. Il existe néanmoins une astuce simple à appliquer pour vous en sortir.

Un deuxième flacon inscrit en toutes lettres

Si vous êtes contrôlé positif au test salivaire, vous êtes emmené par les forces de l'ordre à l'hôpital ou dans un centre médical agréé pour y subir un test sanguin. C'est cet échantillon qui va constituer la preuve définitive de l'infraction. Pour éviter toute erreur, la loi prévoit que deux flacons doivent être remplis par le médecin, puis scellés par un officier de police judiciaire. Seul le premier est analysé, le second devant être conservé au cas où une contre-expertise serait réclamée, soit par vous, soit par la justice. Bien entendu, si vous constatez au moment de la prise de sang qu'un seul flacon est utilisé, ne dites rien. Dans le cas contraire, la partie n'est pas pour autant perdue.

À l'issue de la prise de sang, et après quelques jours d'attente, vous serez convoqué au commissariat ou à la gendarmerie pour prendre connaissance des résultats. S'ils sont positifs, continuez de nier toute faute de votre part, puisque la loi vous autorise à ne pas reconnaître les faits reprochés, et demandez une contre-expertise (voir plus bas). Vous repartirez quoi qu'il arrive avec une convocation au tribunal, puisqu'il s'agit là d'un délit.

À l'audience, vérifiez le procès-verbal rédigé lors de la prise de sang.

41 *Si l'existence d'un deuxième flacon n'apparaît pas en toutes lettres, les magistrats devraient prononcer la nullité de la procédure, quand bien même ce deuxième échantillon aurait bien été réalisé.*

Les forces de l'ordre ne font pas nécessairement attention à ce qu'elles considèrent comme un détail mais qui n'en est pas un !

Le bug de la contre-analyse

Pour mettre toutes les chances de votre côté, une deuxième astuce doit être mise en œuvre.

42 *Lors de votre convocation au commissariat ou à la gendarmerie destinée à vous faire connaître les résultats de votre analyse, exigez que le deuxième flacon soit également expertisé. En clair, réclamez une contre-expertise. Les policiers n'auront pas d'autre choix que de s'exécuter, et demanderont l'analyse du deuxième flacon, dont les résultats seront transmis à la justice pour le jour du procès.*

Regardez bien ces données : en dix ans de carrière, je n'ai jamais vu une contre-expertise produire un résultat identique à la première expertise. Il s'agit pourtant du même sang, prélevé au même instant, dans la même veine ! Même si la différence est infime, soulevez ce point devant le tribunal. Un écart même minime entre les deux peut suffire à convaincre les juges du manque de fiabilité des tests sanguins.

Vérifiez le taux minimal de drogue

La seule présence de drogue dans le sang ne suffit pas à vous envoyer devant un tribunal. En la matière, un arrêté de 2001 fixe le taux minimal de drogue dans le sang constitutif d'une infraction. Ce taux varie en fonction du stupéfiant : 1 ng (nanogramme, soit 1 milliardième de gramme) par litre de sang pour le cannabis, 50 ng/l pour les amphétamines, 50 ng/l pour la cocaïne… Ces seuils ne sont pas une fleur : ils constituent un palier en dessous duquel l'appareil qui analyse les flacons n'est pas en mesure de détecter avec certitude la présence de drogue.

43 *Vérifiez dans le procès-verbal d'analyse qui se trouve dans le dossier remis avant l'audience de tribunal que ce taux minimal a été respecté. Il peut arriver que vous soyez poursuivi pour 0,5 ng/l de cannabis dans le sang, soit un taux inférieur à celui que prévoit la loi !*

Mieux : cette mesure, transmise par le médecin au policier ou gendarme ayant assisté à la prise de sang, est parfois mal retranscrite par ce dernier voire carrément absente de la procédure. Une opportunité de plus pour la faire annuler !

Partie 5

Déjouez les petites infractions

Les excès de vitesse et l'alcoolémie au volant sont sans nul doute les superstars de la répression routière. Ce sont aussi les infractions qui peuvent vous occasionner les ennuis les plus graves. Mais ce ne sont pas les seules qui vont vous coûter des points, loin s'en faut !

Nous allons voir ici cinq infractions parmi les plus courantes, hors vitesse et alcool : téléphone au volant, feu rouge et feu orange grillés, stationnement payant ou gênant, et franchissement de ligne continue. Chacune d'elle renferme une ou plusieurs astuces faciles à appliquer pour vous en sortir en cas de contrôle ou de contravention. Si aucune d'entre elles ne peut vous envoyer directement au tribunal ou entraîner une suspension de permis d'office, elles risquent de vous coûter cher et vous faire perdre de précieux points. Mais là encore, la fatalité n'existe pas si vous savez comment bien vous défendre.

I

Téléphone au volant : la parade du dictaphone

Amende : 135 €
Points retirés : 3

Depuis 2003 et l'adoption d'une loi spécifique, l'usage du téléphone au volant est sévèrement réprimé. Il constitue aujourd'hui l'une des infractions les plus courantes et les plus lucratives pour l'État. Difficile à parer, cette interdiction est par ailleurs entourée d'un certain nombre d'idées reçues qu'il faut démythifier pour bien se protéger.

Un seul principe à garder en tête : le fait de tenir un mobile en main suffit à caractériser l'infraction ! Inutile d'être en train de téléphoner pour être en faute. Écrire un sms, consulter ses mails, ou balayer son agenda... Tout cela tombe sous le coup de loi. Pire : téléphoner ou effectuer une manipulation sur son mobile après s'être garé moteur allumé ne vous protège en rien d'une amende. Un véhicule dont le contact n'est pas coupé est toujours en circulation aux yeux des autorités, et la loi continue de s'appliquer. Garez-vous, certes, mais éteignez le moteur !

Un portable ? Où ça ?

Se sortir d'une arrestation pour téléphone au volant n'est pas chose aisée. En réalité, la seule défense possible consiste à prouver que l'objet tenu en main… n'était pas un téléphone.

44 *Aucune loi n'interdit par exemple de manipuler un dictaphone en conduisant, et beaucoup ne s'en privent pas, pour noter un rendez-vous ou dicter un courrier par exemple. Gardez-en un à proximité du poste conducteur, et brandissez-le au moment du contrôle en expliquant la méprise. Ce n'est pas imparable, surtout si vous teniez le téléphone à l'oreille, mais c'est un coup de poker qui mérite d'être tenté.*

Du reste, il est tout à fait possible de vous faire arrêter alors que vous teniez en main un autre objet. Il suffit parfois de poser sa tête sur son coude à la fenêtre de son véhicule pour qu'un agent vous imagine en train de téléphoner. Faites des attestations des personnes présentes dans votre véhicule ou de passants et autres automobilistes qui vous entouraient au moment de l'arrestation, vous en aurez besoin pour contester le P.V. et prouver la méprise des autorités.

Kit mains libres mon ami

Autorisé ou interdit ? Tout le monde a un avis différent sur la question. La loi est pourtant très claire : seul le fait d'utiliser un téléphone tenu en main est interdit par la loi, l'acte de téléphoner en lui-même n'étant pas punissable. L'utilisation d'un kit mains libres est donc tout à fait légale, ou tout du moins n'est pas répréhensible. Et c'est bien connu : tout ce qui n'est pas interdit est autorisé…

II
Feu rouge : pas d'adresse, pas d'infraction

Amende : 135 €
Points retirés : 4

C'est une infraction en apparence banale mais très lourdement sanctionnée. Le feu rouge grillé reste l'une des grandes marottes de la répression routière. La loi impose un arrêt complet sur la ligne perpendiculaire marquée au sol. En l'absence de cette ligne, vous devez stopper le véhicule à l'aplomb du feu, ou avant le passage piéton lorsqu'il en existe un.

Au moment du contrôle, il n'y a pas de recette miracle pour s'en sortir. Si vous pensez être passé à l'orange, recueillez sans attendre les témoignages d'automobilistes ou de passants qui prouveront votre bonne foi. Sinon, la parade se trouve le plus souvent dans le P.V. qui vous est remis, et doit être décoché au moment de la contestation.

Une indication d'implantation précise

La plupart des P.V. pour feu rouge grillé ne mentionnent pas clairement son lieu d'implantation.

45 *Les agents verbalisateurs l'ignorent souvent, mais les tribunaux considèrent que ce lieu doit être renseigné de façon très précise afin de pouvoir s'assurer de la validité de la procédure.*

Ainsi, des mentions telles que « au carrefour des rues X et Y » ou « à l'entrée de la voie Z », que l'on retrouve le plus souvent, ne sont pas valides. Une adresse avec le nom de la voie et le numéro de la rue doit apparaître clairement. Hors agglomération, une indication type « route nationale 6 à l'entrée du village » est là aussi incorrecte, un point kilométrique ou routier en chiffres devant être renseignée. Si votre P.V. d'infraction comporte une indication de lieu vague, contestez sans attendre, vos chances de succès devant un tribunal sont grandes.

Le radar feu rouge, nid à vices

C'est le nouveau dada du législateur : les radars de feux tricolores fleurissent un peu partout. Ils sont déjà plus de 1 000 en fonction, et ça ne va pas s'arrêter là !

Le principe est identique au radar de vitesse, à quelques exceptions près.

46 *Le radar feu rouge ne flashe que par-derrière, et s'enclenche dès l'aplomb du feu dépassé (roues sur le passage piéton par exemple). En outre, il n'est signalé par aucun panneau d'avertissement.*

L'amende sera directement adressée par courrier au détenteur de la carte grise. Elle devra systématiquement être contestée. Dès lors, une audience se tiendra devant le tribunal de proximité, et vous permettra d'avoir accès à la photographie enregistrée par l'appareil. Celle-ci, prise de derrière, ne permettra pas d'identifier le visage du conducteur, il vous suffit donc de nier être celui qui tenait le volant. Le juge pourra difficilement prouver le contraire, et vous en serez quitte pour une amende civile en tant que propriétaire du véhicule mais échapperez au retrait de points. Bien sûr, si des vices apparaissent sur la photo (par exemple, deux véhicules sur le même cliché) ou si vous avez été contraint de griller le feu pour laisser passer un véhicule d'urgence, mettez-le en avant durant l'audience.

III
Feu orange : la carte du danger immédiat

Amende : 35 €
Aucun point retiré

En apparence, le principe du feu orange (appelé « feu jaune » dans le code de la route) est identique à celui du feu rouge : lorsqu'il s'affiche, le conducteur doit marquer un arrêt complet de son véhicule. En réalité, la loi prévoit un certain nombre de nuances que vous allez pouvoir exploiter pour garder votre portefeuille indemne.

47 *En effet, l'arrêt n'est pas obligatoire si, au moment de l'allumage du feu, « le conducteur ne peut plus arrêter son véhicule dans des conditions de sécurité suffisantes ». Cette définition est assez floue pour pouvoir profiter de la situation. Attention, quoi qu'il arrive, un feu orange brûlé n'entraîne aucun retrait de points. Certains agents semblent l'ignorer, n'hésitez pas à le rappeler !*

Cette notion d'arrêt « dans des conditions de sécurité suffisantes » peut être utilisée dans deux grands types de cas : un véhicule vous précédait de très près au moment du franchissement, ou votre allure vous empêchait de vous arrêter en toute sécurité pour vous et vos passagers. Au moment de l'interpellation, il est possible que l'agent n'ait pas vu – ou n'ait pas voulu voir ! – que vous étiez dans l'une ou l'autre de ces situations. Dès la fin du contrôle, ou pendant celui-ci si l'agent vous y autorise, prenez des photos de la scène : le conducteur qui vous précédait, et que vous devez également inviter à témoigner, tout comme les autres éventuels passants présents (ils ne risquent aucune poursuite, précisez-le !). Un cliché de la route derrière vous, si elle est longue et dégagée, et qui laissera supposer que vous rouliez à une allure rapide.

Si ces éléments ne suffisent pas à convaincre l'agent lors de l'interpellation, gardez-les précieusement et entamez une procédure de contestation. Le tribunal y sera sans doute davantage sensible.

IV

Les erraments du stationnement payant

Amende : 17 € (défaut de ticket horodateur)
Aucun point retiré

Ce papillon-là n'élit domicile que sur nos pare-brise. Et fait tous les jours des petits ! Avec seulement 39 % des Français qui s'acquittent du fameux ticket horodateur, ce ne sont pas moins de 13 millions d'« avis de contravention de stationnement » (le nom officiel de ce que l'on appelle abusivement P.V.) qui sont dressés chaque année. Bénéfice pour l'État : 14 millions d'euros ! Pourtant, les faire annuler – sans piston ! – n'a rien de compliqué.

Lisez l'arrêté municipal de votre ville

C'est tout bête mais cela peut vous permettre de « faire sauter » n'importe quelle contravention de stationnement.

48 *Procurez-vous en mairie l'arrêté municipal qui régit le stationnement payant de votre commune. Celui-ci doit impérativement motiver l'adoption d'une telle mesure (pour des raisons de fluidité de la circulation, de répartition équitable du stationnement, d'environnement...).*

Si tel n'est pas le cas, contestez simplement l'avis de contravention, et rendez-vous au tribunal. Cette absence de motivation, pourtant exigée par le code général des collectivités territoriales, rend caduque toute mise en place d'un stationnement tarifé et, du même coup, la contravention qui vous a été infligée.

Mais ce n'est pas tout.

49 *Cet arrêté doit mentionner de façon claire que l'automobiliste est tenu de placer le ticket horodateur sur le pare-brise.*

Là encore, certaines communes négligentes ce détail pourtant légalement indispensable. En cas d'omission, contestez, et vous avez toutes les chances de l'emporter.

Vérifiez l'adresse de l'infraction

50 *L'avis de contravention doit indiquer de façon très précise le lieu de l'infraction, c'est-à-dire, l'endroit où vous avez garé votre véhicule sans payer.*

La simple mention « rue X », « avenue Y », ou « place Z » n'a aucune valeur légale. Un numéro et un nom de voie en ville, ou un point kilométrique ou routier hors agglomération, est indispensable. En l'absence de cette précision, une contestation s'impose.

Opposez-vous à la mise en fourrière

Si l'absence d'un ticket horodateur n'est pas trop sévèrement réprimée, l'arrêt ou le stationnement gênant ou dangereux sont des infractions lourdement sanctionnées : la simple gêne (trottoir, passage piéton, place livraison...) vous coûtera 35 €, tandis qu'un emplacement dangereux (entrée ou sortie de virage, d'intersections, de côtes...) vous sera tarifé 135 € assortis d'un retrait de trois points.

Bien entendu, ces amendes ne tiennent pas compte d'une éventuelle mise en fourrière de votre véhicule, dont le coût s'élève à 137,90 € auquel s'ajoute 6,10 € par jour de garde.

Si l'infraction en soi est difficile à parer, vous pouvez néanmoins vous opposer à la mise en fourrière dans des circonstances précises.

51 *La loi vous autorise à empêcher l'enlèvement tant que les quatre roues de votre véhicule n'ont pas quitté le sol. Si vous vous apercevez que le camion d'enlèvement n'a pas encore fait décoller votre voiture du bitume, exigez sans délai la fin des opérations.*

Vous en serez quitte pour régler les frais de déplacement et de préparation à l'enlèvement, soit 22,80 €, en plus de l'amende de 135 €.

La loi pourrait changer

Dans les mois qui viennent, le parlement pourrait entériner la proposition d'un député PS qui souhaite dépénaliser les amendes de stationnement payant. Si elle était définitivement adoptée, cette mesure permettrait aux communes de fixer elles-mêmes le montant de la contravention. Des organismes privés seraient alors chargés de vous transmettre le P.V. et de s'assurer de son paiement avec, comme conséquence directe, des amendes bien plus salées que les 17 € aujourd'hui demandés. En cas d'adoption, le dispositif ne serait pas appliqué avant 2016.

Mauvaise pour votre portefeuille, cette réforme le serait également pour les droits de la défense. En effet, impossible dans ses conditions de contester l'infraction de façon simple. Pour faire valoir vos droits, il faudrait d'abord écrire au maire de la commune concernée. S'il refusait de donner suite, vous devriez vous tourner vers le tribunal administratif, où l'assistance d'un avocat serait nécessaire pour rédiger votre requête et tenter de faire annuler le P. V... Une procédure longue et coûteuse qui devrait décourager la plupart des contestataires au mépris des droits les plus élémentaires de la défense. C'est sans doute ici l'un des buts recherchés!

V
Une ligne continue en pointillé

Amende : 135 €
Points retirés : 1 (chevauchement) ou 3 (franchissement)

C'est l'infraction bête par excellence. Le franchissement de ligne continue est l'un des grands classiques de l'infraction routière. Parfois volontaire, mais très souvent involontaire, elle coûte dans les deux cas très cher à celui qui s'en rend coupable, même si le chevauchement (au moins une roue sur la ligne ou au-delà) est moins sévèrement puni que le franchissement (quatre roues au-delà de la ligne, lors d'un demi-tour par exemple). Une vérification simple peut néanmoins vous sauver la mise.

En vous interpellant, l'agent doit noter sur le P.V. le lieu exact de l'infraction : numéro et nom de la voie en ville, point kilométrique ou point routier hors agglomération.

52 *Dès que l'agent vous arrête, vérifiez d'un coup d'œil l'état de la ligne franchie. Bien souvent, celle-ci peut apparaître discontinue à certains endroits, à cause de l'usure naturelle ou de travaux de voirie passés ou en cours. Si tel est le cas, gardez cette information pour vous, et partez avec l'amende comme si de rien n'était. Dès que possible, revenez sur les lieux du contrôle et prenez des photos de la ligne en question.*

Faites en sorte que l'environnement soit visible pour que le lieu de la prise de vue puisse être identifiable. Après quoi, rédigez une contestation.

Le jour de l'audience au tribunal, apportez ce document et montrez-le au juge. Il servira à prouver votre bonne foi. Une ligne continue endommagée peut très bien induire le conducteur en erreur, et entraîner l'indulgence du tribunal.

Partie 6

Sauver ses points, sauver son permis

Les statistiques donnent le vertige. Depuis l'adoption du permis à points, des centaines de milliers d'automobilistes ont perdu leur précieux papier rose. Selon les derniers chiffres disponibles, pour la seule année 2011, 12 millions de points ont été retirés, et 85 000 conducteurs ont vu leur permis invalidé, après un pic de près de 100 000 en 2008. Près de 90 % d'entre eux sont des hommes, mais la part des femmes est en perpétuelle augmentation. On estime qu'aujourd'hui au moins 300 000 Français conduisent régulièrement sans permis, mais ils sont sans doute six voire sept fois plus. Ces chiffres cachent bien souvent de véritables drames personnels ou professionnels.

Pour beaucoup, la perte d'un point ou deux n'est pas vécue comme une catastrophe, mais la facture peut vite s'avérer salée, et l'annulation du permis arriver plus vite qu'on ne le pense. Pour éviter la mauvaise surprise d'un solde nul, chaque infraction doit faire l'objet d'une contestation devant un tribunal afin d'éviter la fatalité. Une procédure plus simple qu'on ne le pense, où le risque principal est de voir le retrait de points entériné. En résumé, le pire des scénarios sera le statu quo !

Souvent vécue comme un couperet sans appel, l'annulation du permis n'est pas non plus irréversible. Avec de la volonté et une bonne organisation, vous pourrez là aussi renverser le cours du destin.

Pour vous aider dans ces opérations parfois un peu techniques, vous trouverez des lettres types pour chacune des procédures. L'aide d'un avocat, à certains moments clés ou tout au long du processus, peut s'avérer précieuse, même si elle n'est pas obligatoire.

Quoi qu'il en soit, sauver ses points ou son permis n'est pas un fleuve tranquille. Mais se résigner serait de loin la pire des solutions. Au travail !

I
Le permis blanc et autres mythes urbains

Internet regorge d'astuces bidons et autres croyances farfelues censées vous garantir le retour du permis aimé. Parmi ces légendes, le permis blanc est sans doute la plus tenace.

53 *Jusqu'en 2003, il existait effectivement une disposition qui permettait aux professionnels de la route, et dans certains cas précis de suspension de permis, de demander au président du tribunal le maintien du droit de conduire pendant leurs heures de travail. Cette disposition a néanmoins été abrogée.*

L'astuce de « l'euro de plus » est aussi particulièrement coriace et continue de se répandre sur la Toile.

54 *Il s'agirait d'enrayer la machine administrative, en ajoutant un euro au montant de l'amende réclamée. L'État, nous dit-on, est alors dans l'incapacité* *d'encaisser cette somme, et vous voilà tiré d'affaire. Il n'en est rien : l'État encaissera le chèque sans scrupule et gardera l'euro supplémentaire pour lui. Si vous payez un euro de moins, c'est pire : le Trésor prendra l'argent, et vous enverra par la suite le montant de l'amende avec majoration, considérant à juste titre que celle-ci n'a pas été intégralement payée. La belle affaire !*

Enfin, la dernière légende consiste à nous faire croire que les conducteurs ayant obtenu leur papier rose avant l'adoption du permis à points en 1992 seraient automatiquement protégés contre la perte de points. En contestant au motif que la loi n'est pas rétroactive, l'automobiliste gagnerait à tous les coups. C'est bien sûr – et hélas ! – complètement faux.

55 *Si le principe de non-rétroactivité de la loi existe bien, il ne s'applique pas en matière de code de la route.*

II
Contester, mode d'emploi

Si vous avez suivi nos conseils, et quels que soient l'infraction reprochée et le contrôle subi, vous vous êtes abstenus de reconnaître vos torts en réglant l'amende sur le champ. Vous devez maintenant rédiger une contestation pour tenter de faire annuler cette amende, et le retrait de points qui va généralement avec. Vous enclenchez alors la phase judiciaire : un tribunal va analyser vos arguments et celui des autorités administratives pour déterminer qui a raison. L'erreur consiste à penser que la partie est perdue d'avance. C'est bien entendu faux, mais l'administration compte sur cette idée reçue pour vous décourager de vous battre. En réalité, une fois devant un tribunal, les cartes sont rebattues. Car quand bien même vous seriez en tort, les juges vont aussi s'intéresser au bon respect de la procédure, garante de vos droits. Vous avez décelé l'une des failles présentées dans les chapitres précédents ? Alors voici comment remportez la bataille.

P.V. remis en mains propres

Vous vous êtes fait arrêter après une infraction, l'agent vous a donc remis un procès-verbal (ou timbre-amende) en mains propres. Bien entendu, vous vous êtes abstenu de signer, et la case « le conducteur ne reconnaît pas l'infraction » doit avoir été cochée au moment du contrôle (voir « Papiers, s'il vous plaît », p. 41).

56 *Vous disposez désormais d'un délai de 45 jours pour contester officiellement ce qui vous est reproché. Le procès-verbal original au complet (carte de paiement et avis de contravention) doit être envoyé à l'adresse figurant au dos de la carte de paiement, où se trouve également un mini-formulaire à remplir. Vous devez aussi rédiger un courrier manuscrit. Celui-ci doit expliquer en détail votre version des faits, l'éventuelle méprise, ou la faille relevée dans le P.V. ou lors du contrôle parmi celles énumérées dans ce livre.*

Soyez précis et évitez toute considération personnelle sur les difficultés que la perte de points ou celle de votre permis pourraient entraîner. Ce n'est pas ici le débat. Même si ce n'est pas obligatoire en théorie, l'envoi doit se faire impérativement par courrier recommandé avec accusé de réception.

Avis de contravention reçu par courrier

C'est l'amende que vous recevrez en cas d'infraction constatée à distance : radar (vitesse ou feu rouge), ou lorsque l'agent qui a relevé votre écart n'a pas jugé utile de vous interpeller, dans le cadre d'un franchissement de ligne continue par exemple.

Ce document comprend un « formulaire de requête en exonération » qu'il vous faudra remplir et renvoyer à l'adresse indiquée au dos du P.V. accompagné d'une lettre manuscrite expliquant en quoi, selon vous, le procès-verbal doit être annulé. Au dos de celui-ci figure les consignes à respecter pour l'envoi en cas de doute. Vous avez 45 jours pour envoyer votre contestation, toujours en recommandé avec accusé de réception.

Dans le cas d'une infraction à la volée, une étape supplémentaire vous est demandée : payer la consignation. Il s'agit d'une sorte de caution (90 € ou 135 € selon la gravité de l'infraction) qui garantit à l'autorité judiciaire le sérieux de votre démarche. La consignation doit être réglée via la carte correspondante figurant en bas du formulaire, et envoyée par courrier distinct à l'adresse mentionnée sur cette même carte. En cas de victoire devant le tribunal, cette somme vous sera restituée. Seul cas de figure où il n'est pas nécessaire de payer cette somme : si votre véhicule a été volé ou détruit avant que l'infraction ne se produise.

57 *Attention : bien que le montant de la consignation rappelle celui d'une amende, il ne s'agit en aucun cas de régler celle-ci. N'hésitez pas à écrire à plusieurs reprises dans votre lettre que le montant joint sert à payer la consignation et seulement celle-ci. Dans le cas contraire, l'infraction serait considérée comme établie, toute contestation deviendrait impossible, et le retrait de point serait définitif.*

La convocation au tribunal

La suite logique de cette contestation est la convocation au tribunal. La comparution se fait devant un tribunal de proximité pour les plus petites infractions, et devant le tribunal de police pour les autres. Vous pouvez être assisté d'un avocat qui vous aide à plaider votre cause, mais cela n'est pas obligatoire.

Ne soyez pas impressionné : contrairement aux autorités administratives, les juges ne jouent pas contre vous (voir « Le scénario de l'audience de tribunal », p. 132). Ils se borneront à appliquer la loi, ni plus ni moins. Si l'agent verbalisateur ne l'a pas respectée, l'amende et le retrait de points seront annulés, quand bien même vous pensiez être en tort. Quant à la consignation, elle vous sera remboursée automatiquement sans la moindre paperasse.

Si vous perdez, le montant de l'amende pourra être confirmé, minoré, voire légèrement majoré. La perte des points deviendra quant à elle effective. Mais l'ensemble du processus, qui prend six mois en moyenne, vous aura permis de gagner du temps, et de faire un stage de récupération de points afin de regagner d'avance ceux perdus.

Ordonnance pénale, cadeau empoisonné

L'ordonnance pénale est une procédure dite « d'alternative aux poursuites ». Elle permet à un magistrat de prononcer un jugement sans avoir besoin de mobiliser une audience de tribunal. Ce tour de passe-passe permet de désengorger les tribunaux, d'accélérer le traitement des procédures, mais ne peut être utilisé que dans certains cas bien précis.

Appliquée au code de la route, cette ordonnance pénale pourra vous être proposée pour des infractions graves : conduite en état d'ivresse ou sous l'emprise de stupéfiants, conduite sans permis, refus de souffler dans l'éthylotest ou excès de vitesse de plus de 50 km/h. Ces infractions entraînent généralement une garde à vue au commissariat ou à la gendarmerie. C'est à l'issue de celle-ci que l'officier de police judiciaire pourra vous proposer, à la demande d'un magistrat, une ordonnance pénale. Le plus souvent, elle prendra la forme d'une amende salée, auquel pourra s'ajouter une suspension voire une annulation du permis, en plus d'un retrait de points et d'une mention au casier judiciaire !

58 *Le policier vous appâtera avec des arguments rôdés : « Vous avez de la chance, vous ne passerez pas devant le juge, à votre place, j'accepterais. » Ce cadeau n'en est pas un. Si un procès n'est pas une partie de plaisir, il vous offre la possibilité de vous défendre, de soulever un vice de forme, d'expliquer le contexte dans lequel s'est déroulé le contrôle, les conséquences professionnelles et personnelles d'un retrait de points ou de permis et, au bout, d'obtenir une relaxe ou une peine clémente.*

L'ordonnance pénale est une procédure de culpabilité immédiate, sans débat, même si le procès-verbal sur lequel s'appuie le magistrat est truffé d'erreurs.

À l'évidence, la meilleure réponse à faire est de refuser cette proposition. L'ordonnance pénale vous sera envoyée à domicile par courrier recommandé. À réception de celle-ci, vous avez un délai pour vous y opposer : 30 jours pour un grand excès de vitesse ou 45 jours pour un délit. Pour ce faire, écrivez une simple lettre recommandée au tribunal en indiquant ne pas accepter cette ordonnance. Je vous conseille de faire cette démarche en vous rendant directement au greffe du tribunal qui a rendu l'ordonnance. Vous serez alors convoqué pour un procès en bonne et due forme. Vous aurez alors la possibilité de vous expliquer et de plaider les vices de procédure que vous aurez appris grâce à cet ouvrage, avec l'aide ou non d'un avocat.

III
Le scénario de l'audience de tribunal

Contester, c'est engager un bras de fer avec les autorités administratives. Ce conflit, c'est la justice, et donc le tribunal qui va le trancher. Trop souvent, la perspective de comparaître devant un juge est source de crainte. Ne paniquez pas : contrairement à la police ou à la gendarmerie, qui tente par tous les moyens de faire de vous un coupable, la justice n'a pas de parti pris. Le tribunal va simplement chercher à s'assurer que la loi a été respectée des deux côtés. Avec un avantage : si votre amende comporte une erreur, même minime, le doute vous profitera. Au bout, une amende réduite voire annulée, des points recrédités partiellement ou en totalité, voire la relaxe pure et simple. Cela n'a rien d'une rareté : chaque jour, des centaines de relaxes sont prononcées par les tribunaux pour un vice de procédure. Non pour des raisons de coquetterie juridique, mais parce que ces erreurs jettent le doute sur le respect de la loi, et donc de vos droits.

Restez calme ! Ici, le tribunal n'est pas une punition, c'est au contraire une chance de faire annuler la procédure lancée contre vous. En cas de défaite, l'amende et les sanctions infligées (retrait de points, suspension ou annulation de permis…) par les autorités administratives seront définitivement entérinées car, même si elles peuvent en théorie être alourdies, ce cas de figure est rarissime. Bref, quels que soient les faits reprochés, contester et aller devant un tribunal constitue toujours une solution préférable au paiement de l'amende et, donc, à la reconnaissance de l'infraction.

Le tribunal, mais quel tribunal ?

En fonction de l'infraction, vous comparaîtrez devant une juridiction différente. Dans l'immense majorité des cas, il s'agira du tribunal de proximité ou du tribunal de police. Il en existe dans toutes les grandes villes, et dans la plupart des villes moyennes. La juridiction qui examinera votre cas sera celle dont dépend le lieu de l'infraction reprochée, et non de votre domicile. L'adresse figurera sur la convocation qui vous sera envoyée à la suite de votre contestation. Le délai entre l'envoi de la contestation et la date d'audience est en général compris entre 4 et 8 mois selon les régions. Dans le cas d'un contrôle particulièrement houleux, où l'automobiliste a commis plusieurs infractions (outrages, refus d'obtempérer…), cette convocation peut être automatique. Sur la contravention remise, la case « cas A » est alors cochée.

Le tribunal de proximité jugera les amendes de 1re à 4e classe, c'est-à-dire l'ensemble des infractions à l'exception des excès de vitesse de plus de 50 km/h. Ces derniers sont jugés devant le tribunal de police. Ces deux types de tribunaux ont un fonctionnement relativement similaire : un juge unique décide de votre culpabilité ou de votre innocence. La présence d'un avocat n'est pas obligatoire, même si celui-ci vous facilitera grandement la tâche.

Rassemblez vos documents

Vous devez apporter avec vous un certain nombre de documents. Carte d'identité et convocation pour accéder à la salle d'audience, mais aussi les pièces du dossier à proprement parler. Il s'agit de l'ensemble des procès-verbaux (remis en mains propres) ou avis de contravention (envoyé par courrier) relatifs à ce qui vous est reproché. Ils permettront au tribunal de vérifier le bon respect de la procédure.

59 *Tout autre élément appuyant votre argumentation ou pouvant entraîner l'indulgence du tribunal doit également être apporté. Les conséquences d'un retrait de points, d'une suspension ou d'un retrait de permis, peuvent être lourdes sur le plan professionnel, personnel ou financier : un relevé d'imposition si votre situation financière est délicate, ou un contrat de travail si vous risquez un licenciement, pourront convaincre le juge d'être clément. Pour les infractions liées à une alcoolémie ou à un usage de stupéfiants, un certificat médical prouvant que vous suivez un traitement sera déterminant.*

En vous rendant au greffe du tribunal le jour de l'audience, le dossier intégral de la procédure rédigée et collectée par les policiers ou gendarmes vous sera remis. Toutes les pièces – procès-verbal de constatation de l'infraction, relevé d'alcoolémie ou d'excès de vitesse, avis de contravention, etc. – sont ici réunies. Elles comportent les vices déjà relevés par vos soins. Et peut-être d'autres ! Reportez-vous au chapitre concernant l'infraction en question.

Au nom du vice

L'audience se déroule en général sur une journée, et comporte l'examen de plusieurs dizaines de dossiers. Il n'y a pas d'ordre de passage alphabétique ou chronologique. L'usage veut cependant que les prévenus (le nom donné à l'accusé) assistés d'un avocat comparaissent avant les autres. Lorsque votre tour arrive, l'huissier vous appelle à la barre. Le juge vérifie d'abord votre identité, votre adresse de domicile, et vous pose des questions simples sur votre situation professionnelle et personnelle. Une fois cette formalité passée, la parole vous est donnée.

60 *Vous devez en premier lieu exposer les raisons de votre contestation quand celle-ci porte sur un vice de forme du P.V. ou de l'avis de contravention : erreur de date, adresse de l'infraction imprécise, défaut d'agrément de l'agent de police, photo radar ne permettant pas d'identifier le conducteur...*

À la fin de votre argumentation, présentez les pièces qui prouvent la véracité de vos propos. Si vous le souhaitez, vous pouvez également déposer par écrit un résumé de votre argumentaire si vous avez pris soin d'en rédiger un, mais ce n'est pas obligatoire.

À ce stade, le procureur de la République intervient une première fois. Le rôle de ce magistrat est de soutenir l'accusation, c'est-à-dire, de défendre le travail des policiers ou des gendarmes. Il va donner un premier avis sur les arguments que vous venez de présenter. Le juge a ensuite trois options. Soit il retient le vice de procédure, prononce sa nullité, et l'audience ne va pas plus loin. Soit il rejette votre argumentaire d'office. Soit il repousse sa décision en fin d'audience afin de prononcer son jugement à la fois sur la forme du P.V. et sur le fond de ce qui vous est reproché. C'est ce qu'on appelle « joindre au fond ».

Au fond du fond

Le juge débute alors l'examen du fond du dossier, c'est-à-dire les faits reprochés. Il va lire le rapport écrit dans le cadre de votre contrôle et peut vous poser des questions, tout comme le procureur de la République, sur vos écarts supposés. Bien entendu, vos réponses doivent être en accord avec les points soulevés plus haut : si vous contestez une alcoolémie, dites que vous ignorez si vous étiez au-dessus de la limite légale. S'il s'agit d'un excès de vitesse, indiquez que vous pensez avoir conduit en dessous de la limite autorisée, ou refusez de confirmer que vous étiez le conducteur s'il s'agit d'un flash où l'automobiliste n'est pas reconnaissable. Bref, soyez cohérent !

Si la procédure s'avère solide, n'en rajoutez pas, et contentez-vous de plaider votre cause sur les conséquences d'une condamnation. Il s'agit de présenter des éléments de votre vie professionnelle et personnelle qui vont inciter le tribunal à la clémence. Une amende, un retrait de points ou de votre permis, va mettre à mal votre situation financière, professionnelle (perte d'emploi), personnelle (incapacité à amener vos enfants à l'école, à visiter un proche malade…). Pour chacun de ces arguments, un document écrit attestant des difficultés rencontrées est indispensable pour emporter la conviction du tribunal.

Vous avez le dernier mot

Si vous avez pris un avocat, il va désormais plaider, reprenant les arguments ci-dessus pour instiller le doute sur votre culpabilité réelle, et susciter l'indulgence en cas de condamnation. Si vous êtes venu sans avocat, la parole est immédiatement donnée au procureur de la République qui va livrer ses « réquisitions » : il va s'exprimer au nom de

Le tribunal correctionnel, l'ombre de la prison

Les infractions au code de la route les plus graves vous conduiront automatiquement devant un tribunal correctionnel : excès de vitesse de plus de 50 km/h en récidive, utilisation d'un détecteur de radar, conduite sans permis… Ces audiences font généralement suite à un placement en garde à vue (voir « L'épreuve de la garde à vue »). Même si le fonctionnement de ce tribunal est comparable à celui du tribunal de proximité ou de police, les peines encourues sont nettement plus lourdes : prison avec ou sans sursis, amende de plusieurs milliers d'euros, interdiction de repasser le permis avant plusieurs années… Avec de tels enjeux, l'assistance d'un avocat est indispensable pour vous défendre correctement et évitez les peines les plus sévères. Si vos revenus vous empêchent d'opter pour un avocat spécialisé, prenez attache avec le tribunal de grande instance de votre domicile qui vous proposera de bénéficier de l'aide juridictionnelle. Vous remplirez alors un dossier qui vous permettra d'avoir un avocat commis d'office le jour de l'audience.

l'accusation et fixer le montant de l'amende qu'il souhaite vous voir infliger. Ce n'est là qu'une suggestion, le juge est seul à décider, in fine, de votre culpabilité et de la peine à prononcer le cas échéant. Enfin, la parole vous est donnée une dernière fois. ***Sans refaire une démonstration de ce que vous avez déjà dit, faites un bref résumé des raisons que le juge doit garder en tête au moment de délibérer.***

Le jugement peut être rendu sur-le-champ, ou reporté de quelques jours ou semaines si le juge estime qu'une partie du dossier mérite réflexion. Dans le premier cas, le délibéré est prononcé de vive voix, et aucun jugement écrit ne vous est remis. Ce n'est que plusieurs semaines plus tard que celui-ci sera mis à disposition au greffe du tribunal. Si vous êtes reconnu coupable sur-le-champ, le greffier d'audience vous délivrera immédiatement un relevé de condamnation pénale, résumé de la peine qui vous a été infligée. Vous aurez désormais dix jours pour faire appel de votre condamnation. Un nouveau procès devant la cour d'appel se tiendra mais pas avant plusieurs mois. Si vous êtes relaxé, vous n'avez plus rien à faire : l'amende et les éventuels retraits de points seront annulés automatiquement, votre permis revalidé si nécessaire, et la consignation remboursée.

IV
Permis annulé : reconduire sous 48 heures

Vous avez fait le compte : ça y est, vous n'avez plus de points sur votre permis. Dans quelques jours, vous allez recevoir le formulaire vous informant officiellement que vous n'êtes plus autorisé à conduire, et qu'il vous faut rendre le précieux papier rose. Il existe pourtant une méthode enfantine pour empêcher cette fatalité. Imparable et parfaitement légale, cette astuce nécessite néanmoins une grande réactivité de votre part.

Ne retirez pas le recommandé

Dès votre capital points arrivé à zéro, l'administration vous envoie automatiquement un formulaire dit « 48 SI ». Ce courrier recommandé reprend l'historique de vos points perdus, vous notifie l'invalidation du permis, et vous enjoint de rendre le papier rose à la préfecture sous dix jours. Lorsque le facteur vous présente un avis de recommandé que vous suspectez être ce fameux formulaire, ne vous précipitez pas. Regardez l'expéditeur : s'il s'agit du FNPC[1] (Fichier national du permis de conduire), votre intuition était la bonne. Ne refusez pas ostensiblement ce courrier. Dites simplement au facteur que vous irez le chercher plus tard à la Poste, et récupérez l'avis de passage. Dans le cas où le postier est passé en votre absence, cet avis sera déposé dans votre boîte aux lettres. Rendez-vous alors dans votre bureau de poste, non pas pour retirer le formulaire, mais pour vérifier qu'il s'agit effectivement du recommandé envoyé par le FNPC, et dites au guichetier que vous repasserez plus tard. Quoi qu'il arrive, ne refusez pas le recommandé, et ne signez pas l'accusé de réception, sans quoi l'annulation du permis sera considérée comme effective. Vous avez suivi nos conseils ? Le chrono est enclenché : vous avez désormais 15 jours à compter de l'avis de passage pour enclencher la deuxième phase de l'astuce.

Inscrivez-vous à un stage de récupération de points

Pour rendre cette annulation caduque, nous allons couper l'herbe sous le pied de l'administration. Maintenant que l'épée de Damoclès est au-dessus de votre tête, inscrivez-vous le plus rapidement possible à un stage de récupération de points. Ces stages vous permettent de gagner 4 points en seulement 48 heures (voir « Permis à points, qui es-tu ? », p. 16). La plupart des auto-écoles proposent ce type de stage dans des délais très courts.

---

1 Voir annexe 11.

61 *Une fois muni de votre attestation de stage datée et signée, vous permis est revalidé de 4 points. Retournez à la Poste récupérer le recommandé « 48 SI » en signant, cette fois, l'accusé de réception que vous conserverez précieusement. Il vous reste à adresser votre attestation de stage au FNPC dont l'adresse figure sur le recommandé : votre permis sera recrédité avant même qu'il ne soit officiellement annulé[1]. Pas mal non ?*

1. Voir annexe 12.

V
Permis annulé : demandez la grâce !

Un permis invalidé faute de points vous interdit de conduire. Inéluctable ? Non ! Trois procédures, similaires sur le fond, peuvent être engagées immédiatement par l'automobiliste. La première d'entre elles est le recours gracieux. Pour rédiger cette requête de façon efficace, l'idéal est de demander de l'aide à un avocat. Mais en respectant les principes ci-dessous et le modèle fourni[1], vous gagnerez déjà un temps précieux.

Cher Monsieur le ministre…

Comme son nom l'indique, le recours gracieux n'est rien d'autre qu'une demande de grâce. En clair, vous allez demander directement au ministère de l'Intérieur un peu d'indulgence ! Bien entendu, il ne suffit pas de supplier poliment : la requête doit s'appuyer sur un

1 Voir annexe 19.

doute sérieux quant à la légalité de l'annulation de votre permis. Ce courrier est à adresser en recommandé au ministre de l'Intérieur en personne, en tant qu'autorité administrative responsable du Fichier nationale du permis de conduire. Avant de vous atteler à sa rédaction, rendez-vous en préfecture et demandez votre relevé d'information intégral[1]. Il contient l'historique de votre permis à points, les infractions commises, et les retraits de points correspondants. C'est sur ce document que nous allons appuyer notre demande.

Y a comme une erreur

Le recours gracieux est efficace en cas d'erreur manifeste lors d'un ou plusieurs retraits de points. Les « boulettes » en la matière sont plus fréquentes qu'on ne le pense.

62 *Ainsi, vérifiez sur votre relevé d'information intégral que 12 points vous ont été retirés et non 10 ou 11 ! J'ai déjà rencontré ce cas de figure des dizaines de fois en consultation[2]. Ensuite, regardez attentivement si les points retirés sont conformes à ceux prévus pour l'infraction reprochée. Là encore, les erreurs sont courantes : 3 points retirés quand la loi en prévoit 4 ou inversement et vous voilà sauvé !*

Les dates de l'amende et du retrait de points doivent également être analysées de près. La date de l'infraction doit être antérieure à la date dite « définitive », elle-même identique ou antérieure à la date d'enregistrement.

---

1 Voir annexe 5.

2 Voir annexe 17.

Si l'un de ces trois éléments pose problème, le ministère de l'Intérieur devrait s'avouer vaincu, et recréditer votre permis du nombre de points correspondants. Sans nouvelles un mois après l'envoi de votre requête, vous pouvez considérer que celle-ci n'a pas été jugée recevable.

VI
Récupérer ses points : le recours contentieux

Parallèlement au recours gracieux – ou après l'échec de ce dernier – vous pouvez encore introduire un recours contentieux[1]. Il s'agit ni plus ni moins que de contester l'annulation du permis de conduire devant le tribunal administratif. Vous allez devoir démontrer pourquoi le ministère de l'Intérieur n'a pas respecté la loi en matière de retrait de points. Cette opération se fait en deux temps : la requête au fond et le référé suspension (voir plus loin). Cette requête se compose d'un courrier écrit à envoyer en quatre exemplaires et en recommandé au tribunal administratif de votre domicile. L'aide d'un avocat pour sa rédaction est ici fortement conseillée, et devient quasi obligatoire lors de l'audience si vous souhaitez mettre toutes les chances de votre côté.

1 Voir annexe 20.

La requête au fond : contestez chaque point perdu

Ce recours est la première étape. Vous demandez ici au tribunal de vérifier la légalité de votre annulation de permis par les services du ministère de l'Intérieur. Comment plaider sa cause ? Pour être légal, un retrait de points doit répondre à deux exigences : que vous en ayez été informé, et que l'infraction reprochée soit incontestable. Il est rarissime que ces deux conditions soient réunies. C'est dans cette faille que nous allons nous engouffrer pour récupérer votre permis. Là encore, vous devez être en possession de votre relevé d'information intégral, récupéré en préfecture sur simple demande, afin d'appuyer votre demande. Plusieurs mois après l'envoi de votre requête, vous serez convoqué au tribunal pour une audience.

Un doute sur la légalité des retraits de points

Le premier levier sur lequel s'appuyer est le défaut d'information du retrait de points. À chaque point retiré, l'administration doit vous faire parvenir en principe une lettre simple à votre domicile. Or bien souvent, l'adresse utilisée est celle figurant sur votre permis de conduire. Si vous avez déménagé depuis, il y a bien peu de chance qu'elle vous soit parvenue. Si vous y habitez toujours, et comme il s'agit d'une lettre qui n'est pas envoyée en recommandé, le facteur a tout à fait pu la perdre. Dans tous les cas, l'administration n'a aucune preuve formelle que vous en avez bel et bien pris connaissance.

63 *Détaillez dans votre courrier les retraits de points pour lesquels vous n'avez pas reçu cette lettre, en faisant à chaque fois référence à l'infraction telle que mentionnée dans le relevé d'information intégral.*

Précisez que ce devoir d'information est pourtant exigé par les articles L223-3 et R223-3 du code de la route.

La réalité des infractions reprochées

L'autre doute peut être soulevé sur la réalité de certaines infractions reprochées.

64 *En effet, si vous n'avez pas reconnu une ou plusieurs des infractions pour lesquelles une perte de points a été prononcée par l'administration, c'est-à-dire si vous n'avez pas payé les amendes forfaitaires correspondantes, et tant que vous n'avez pas été jugé, il subsiste un doute sur votre culpabilité, et donc sur la légalité du retrait de points.*

D'où le conseil donné au début de cet ouvrage, et que vous devez toujours garder en tête : que vous engagiez une contestation ou non, ne payez jamais ! Précisez là encore dans votre demande, et toujours en vous appuyant sur le relevé d'information intégral, que l'amende n'a pas fait l'objet d'un règlement de votre part, sans davantage de précision. De fait, si la mention « amende majorée » apparaît sur l'infraction figurant sur le relevé d'information intégral, c'est la preuve que cette amende n'a effectivement pas été payée par vos soins. Vous avez eu le bon réflexe !

Le référé suspension : la procédure d'urgence

C'est la deuxième étape du recours contentieux.

65 *Le référé suspension succède en quelque sorte au fameux « permis blanc » abrogé en 2003 dont il reprend le principe dans ses grandes lignes : rendez-moi mon permis, car conduire est indispensable à ma survie professionnelle et financière !*

Le référé permet d'annuler l'invalidation du permis. La requête au fond peut en effet prendre des mois avant d'aboutir, que le résultat soit positif ou négatif. C'est pour pallier ces délais interminables que le référé intervient : il s'agit de demander à un juge administratif spécialisé de vous autoriser à conduire en attendant l'issue du recours principal. Comme pour la requête au fond, le référé exige un courrier écrit à envoyer en quatre exemplaires et en recommandé au tribunal administratif de votre domicile. L'aide d'un avocat pour sa rédaction est ici aussi fort utile, et devient quasiment indispensable lors de l'audience de référé.

Les arguments à présenter sont exactement les mêmes que pour la requête au fond ou pour le recours gracieux. La seule différence consiste à convaincre le juge des référés qu'il y a urgence à ce que vous puissiez reconduire. Le meilleur argument reste l'utilisation de votre voiture pour des raisons professionnelles. Rares sont les métiers où le permis de conduire n'est pas requis. ***Les professionnels de la route (taxis, ambulanciers, routiers...) n'auront aucun mal à expliquer qu'il s'agit de leur outil de travail, et donc de leur source de revenus principale, tout comme la majorité des professions libérales (médecins,***

Le droit d'appel bafoué

C'est un principe fondamental de notre système judiciaire. Chaque décision d'un tribunal doit pouvoir être réexaminée en appel par d'autres juges qui contrôlent son bien-fondé juridique. En matière de permis de conduire, ce droit s'exerçait devant la cour administrative d'appel. Depuis le 1er janvier 2014, ce recours a été tout bonnement supprimé. Dans un décret pris le 15 août 2013, le Premier ministre met fin à la possibilité pour les automobilistes de faire appel d'une décision du tribunal administratif, qui statue désormais en premier et dernier ressort sur les recours contentieux. Seule échappatoire pour le justiciable : faire un recours devant le Conseil d'État, la plus haute juridiction administrative. Une contestation très technique, longue et coûteuse puisqu'elle nécessite obligatoirement l'assistance d'un avocat habilité à plaider devant cette juridiction. Bien que pris en plein cœur de l'été, ce décret n'a pas manqué d'émouvoir le principal syndicat de magistrats, qui s'est inquiété de voir les automobilistes privés du droit d'appel pourtant garanti à n'importe quel citoyen.

infirmières, VRP...). Pour les salariés, la menace de la perte de l'emploi est un argument solide et souvent bien réel. Il sera utile de joindre à votre demande une copie de votre contrat de travail où l'utilisation d'un véhicule apparaît. Sinon, demandez une attestation à votre employeur indiquant que le fait de conduire, de manière fréquente ou occasionnelle, est indispensable à votre emploi.

Au bout de quelques jours, vous serez convoqué pour une audience devant le tribunal des référés afin de défendre votre requête. Le déroulement de l'audience est comparable à celle d'un tribunal de police ou de proximité (voir « Le scénario de l'audience de tribunal », p. 132), mais ici, plus que jamais et vu l'enjeu, l'assistance d'un avocat est fortement conseillée.

Annexes

1. Timbre amende (volet 1 recto - carte de paiement)
2. Timbre amende (volet 1 verso)
3. Timbre amende (volet 2 – avis de contravention)
4. Avis de contravention (flash automatique)
5. Relevé d'information intégral
6. Formulaire 48 : retrait de points
7. Formulaire 48M : perte de la moitié des points
8. Formulaire 48SI : annulation du permis de conduire
9. Formulaire 47 : récupération de points du permis de conduire
10. Recours contentieux : jugement de récupération de points
11. Recommandé du FNPC
12. Courrier du FNPC : prise en compte du stage (+ 4 points) et revalidation du permis
13. Accusé de réception du dépôt de requête de recours contentieux
14. Contravention pour excès de vitesse : absence du point kilométrique ou point routier
15. Contravention pour excès de vitesse : vitesse limite autorisée erronée
16. Contravention pour excès de vitesse : inversion de la vitesse limite avec la vitesse enregistrée
17. Formulaire 48SI : permis annulé avec un retrait de 11 points
18. Lettre type : contestation de contravention (flash automatique)
19. Lettre type : recours gracieux contre l'annulation du permis de conduire
20. Lettre type : recours contentieux contre l'annulation du permis de conduire

1. Timbre amende (volet 1 recto – carte de paiement)

BANDE À DÉTACHER
POUR CONSERVER LE JUSTIFICATIF DU PAIEMENT

IMMATRICULATION	DEPT.	ARRT.	SERVICE	DATE JOUR	DATE MOIS	CARTE DE PAIEMENT
[redacted]	92	1	[redacted]	16	12	[redacted]

LA CONTRAVENTION RELEVÉE À VOTRE ENCONTRE ENTRE DANS LE CAS SUIVANT :

Vérifier que ces éléments se retrouvent sur le volet 2

	AMENDE FORFAITAIRE	AMENDE FORFAITAIRE MAJORÉE (1)
☐ CAS N° 2	35 €	75 €
CAS N° 3 ☐	68 €	180 €
☐ CAS N° 4	135 €	375 €

les cas 2bis, 3bis et 4bis ne s'appliquent qu'aux contraventions au Code de la route à l'exception de celles relatives au stationnement.

	AMENDE FORFAITAIRE MINORÉE	AMENDE FORFAITAIRE	AMENDE FORFAITAIRE MAJORÉE (1)
☐ CAS N° 2 BIS	22 €	35 €	75 €
CAS N° 3 BIS ☐	45 €	68 €	180 €
☑ CAS N° 4 BIS	90 €	135 €	375 €

PAIEMENT OU CONTESTATION
VOIR INSTRUCTIONS AU VERSO

CAS A ☐ LA PROCÉDURE DE L'AMENDE FORFAITAIRE N'EST PAS APPLICABLE À LA CONTRAVENTION RELEVÉE, VOUS FEREZ L'OBJET DE POURSUITES JUDICIAIRES ULTÉRIEURES, À L'INITIATIVE DU MINISTÈRE PUBLIC.

(1) Pour information : à défaut de paiement dans les 45 jours, vous recevrez une amende forfaitaire *majorée* du montant indiqué ci-dessus. Le paiement de l'amende forfaitaire entraîne reconnaissance de la réalité de l'infraction et réduction du nombre de point(s) de votre permis de conduire.

00000 [redacted]

SI VOUS NE SOUHAITEZ PAS PAYER PAR CHÈQUE, COLLEZ À CET EMPLACEMENT "LA PARTIE À ENVOYER" DU TIMBRE-AMENDE
(PAS DE TIMBRE FISCAL)

TIMBRE-POSTE
TARIF LETTRE

DESTINATAIRE

CENTRE
D'ENCAISSEMENT
DES AMENDES

35073 RENNES CEDEX 9

POUR PAYER L'AMENDE, VOUS DEVEZ

- **SOIT établir UN CHÈQUE** libellé à l'ordre de la Direction générale des finances publiques et l'expédier sous enveloppe affranchie avec la présente carte à l'adresse indiquée au recto, sans agrafe ni trombone;
- **SOIT coller UN TIMBRE-AMENDE** (partie à envoyer) sur l'emplacement réservé de la présente carte et expédier celle-ci après l'avoir affranchie à l'adresse indiquée au recto (la vente des timbres-amendes est assurée par les débits de tabac et les centres des finances publiques);

DU MONTANT DE L'AMENDE FORFAITAIRE MINORÉE Cas n° 2BIS, n° 3BIS et n° 4BIS	DU MONTANT DE L'AMENDE FORFAITAIRE n° 2, n° 3, n° 4
Dans les ***3 jours*** à compter de la date de la constatation de la contravention ou dans les ***15 jours*** qui suivent l'envoi de cette carte de paiement, si elle vous a été ultérieurement adressée. **Au-delà de ce délai, vous devez vous acquitter du montant de l'amende forfaitaire dans les conditions prévues ci-contre.**	Dans les ***45 jours*** à compter de la date de la constatation de la contravention. **À défaut de respecter ce délai, vous serez destinataire d'un avis de paiement de *l'amende forfaitaire majorée*** (art. 529-2 du CPP) **adressé par la Direction générale des finances publiques.**

Vous devez conserver l'avis de contravention (deuxième volet) pour justifier du paiement

Si la contravention ne fait pas l'objet d'une procédure devant la juridiction compétente (cas A) et que vous contestez la réalité de celle-ci, vous ne payez pas mais vous devez dans le délai de ***45 jours*** transmettre à :

Direction Territoriale de la Sécurité de Proximité
contraventions - 167/177 avenue Joliot curie

92013 NANTERRE CEDEX

- une lettre précisant les motifs de votre contestation;
- la présente carte de paiement dont vous aurez complété le questionnaire ci-contre;
- l'avis de contravention qui vous a été remis en même temps.

Cette contestation sera transmise au Parquet près le Tribunal de police ou la juridiction de proximité.

En cas de condamnation par la juridiction compétente, le montant de l'amende prononcée par le juge sera **au moins égal** au montant de l'amende forfaitaire.

☐ Mme ☐ Mlle ☐ M.

NOM	(suivi s'il y a lieu du nom d'usage)		
PRÉNOMS			
NÉ(E) LE	À	DÉPT. PAYS	
ADRESSE			
COMMUNE		CODE POSTAL	
PERMIS DE CONDUIRE N°		DÉLIVRÉ LE À	

2. Timbre amende (volet 1 verso)

3. Timbre amende (volet 2 – avis de contravention)

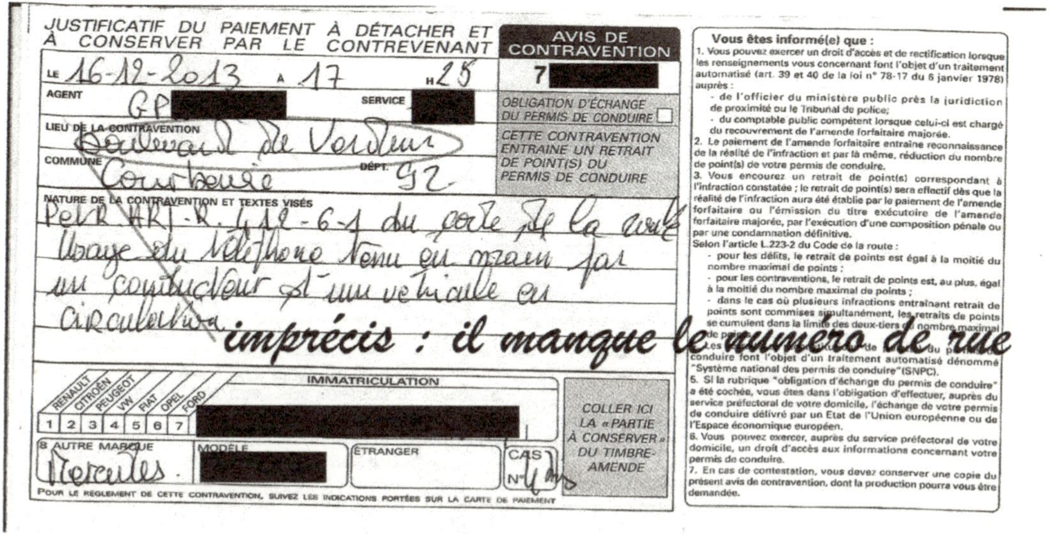

JUSTIFICATIF DU PAIEMENT À DÉTACHER ET À CONSERVER PAR LE CONTREVENANT

AVIS DE CONTRAVENTION

7[redacted]

LE 16-12-2013 À 17 H 25

AGENT GP[redacted] SERVICE [redacted]

OBLIGATION D'ÉCHANGE DU PERMIS DE CONDUIRE ☐

LIEU DE LA CONTRAVENTION Boulevard de Verdun

COMMUNE Courbevoie DÉPT. 92

CETTE CONTRAVENTION ENTRAINE UN RETRAIT DE POINT(S) DU PERMIS DE CONDUIRE

NATURE DE LA CONTRAVENTION ET TEXTES VISÉS

PETR ART. R. 412-6-1 du code de la route

Usage du téléphone tenu en main par un conducteur d'un véhicule en circulation.

imprécis : il manque le numéro de rue

RENAULT 1 · CITROËN 2 · PEUGEOT 3 · VW 4 · FIAT 5 · OPEL 6 · FORD 7

IMMATRICULATION [redacted]

8 AUTRE MARQUE Mercedes. MODÈLE [redacted] ÉTRANGER CAS N° 4

COLLER ICI LA « PARTIE À CONSERVER » DU TIMBRE-AMENDE

POUR LE RÈGLEMENT DE CETTE CONTRAVENTION, SUIVEZ LES INDICATIONS PORTÉES SUR LA CARTE DE PAIEMENT

Vous êtes informé(e) que :

1. Vous pouvez exercer un droit d'accès et de rectification lorsque les renseignements vous concernant font l'objet d'un traitement automatisé (art. 39 et 40 de la loi n° 78-17 du 6 janvier 1978) auprès :
   - de l'officier du ministère public près la juridiction de proximité ou le Tribunal de police;
   - du comptable public compétent lorsque celui-ci est chargé du recouvrement de l'amende forfaitaire majorée.
2. Le paiement de l'amende forfaitaire entraine reconnaissance de la réalité de l'infraction et par là même, réduction du nombre de point(s) de votre permis de conduire.
3. Vous encourez un retrait de point(s) correspondant à l'infraction constatée ; le retrait de point(s) sera effectif dès que la réalité de l'infraction aura été établie par le paiement de l'amende forfaitaire ou l'émission du titre exécutoire de l'amende forfaitaire majorée, par l'exécution d'une composition pénale ou par une condamnation définitive.

Selon l'article L.223-2 du Code de la route :
- pour les délits, le retrait de points est égal à la moitié du nombre maximal de points ;
- pour les contraventions, le retrait de points est, au plus, égal à la moitié du nombre maximal de points ;
- dans le cas où plusieurs infractions entraînant retrait de points sont commises simultanément, les retraits de points se cumulent dans la limite des deux-tiers du nombre maximal de points.

4. Les ... du permis de conduire font l'objet d'un traitement automatisé dénommé "Système national des permis de conduire" (SNPC).
5. Si la rubrique "obligation d'échange du permis de conduire" a été cochée, vous êtes dans l'obligation d'effectuer, auprès du service préfectoral de votre domicile, l'échange de votre permis de conduire délivré par un État de l'Union européenne ou de l'Espace économique européen.
6. Vous pouvez exercer, auprès du service préfectoral de votre domicile, un droit d'accès aux informations concernant votre permis de conduire.
7. En cas de contestation, vous devez conserver une copie du présent avis de contravention, dont la production pourra vous être demandée.

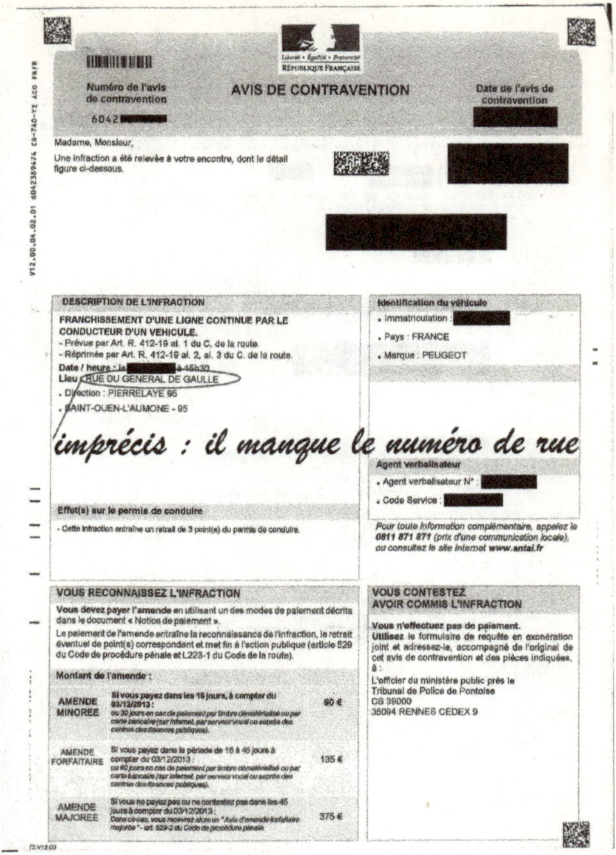

V12.00.04.02.01 6042389474 C0-740-YZ ACO FRFR

Liberté • Égalité • Fraternité
RÉPUBLIQUE FRANÇAISE

Numéro de l'avis de contravention
6042[redacted]

AVIS DE CONTRAVENTION

Date de l'avis de contravention
[redacted]

Madame, Monsieur,

Une infraction a été relevée à votre encontre, dont le détail figure ci-dessous.

[redacted]

[redacted]

DESCRIPTION DE L'INFRACTION

FRANCHISSEMENT D'UNE LIGNE CONTINUE PAR LE CONDUCTEUR D'UN VEHICULE.
- Prévue par Art. R. 412-19 al. 1 du C. de la route.
- Réprimée par Art. R. 412-19 al. 2, al. 3 du C. de la route.

Date / heure : le [redacted] à 15h30
Lieu : RUE DU GENERAL DE GAULLE
. Direction : PIERRELAYE 95
. SAINT-OUEN-L'AUMONE - 95

imprécis : il manque le numéro de rue

Identification du véhicule
. Immatriculation : [redacted]
. Pays : FRANCE
. Marque : PEUGEOT

Agent verbalisateur
. Agent verbalisateur N° : [redacted]
. Code Service : [redacted]

Effet(s) sur le permis de conduire
- Cette infraction entraîne un retrait de 3 point(s) du permis de conduire.

Pour toute information complémentaire, appelez le ***0811 871 871*** *(prix d'une communication locale), ou consultez le site internet* ***www.antai.fr***

VOUS RECONNAISSEZ L'INFRACTION

Vous devez payer l'amende en utilisant un des modes de paiement décrits dans le document « Notice de paiement ».

Le paiement de l'amende entraîne la reconnaissance de l'infraction, le retrait éventuel de point(s) correspondant et met fin à l'action publique (article 529 du Code de procédure pénale et L223-1 du Code de la route).

Montant de l'amende :

AMENDE MINOREE	**Si vous payez dans les 15 jours, à compter du 03/12/2013 :** *ou 30 jours en cas de paiement par timbre dématérialisé ou par carte bancaire (sur Internet, par serveur vocal ou auprès des centres des finances publiques).*	90 €
AMENDE FORFAITAIRE	Si vous payez dans la période de 16 à 45 jours à compter du 03/12/2013 : *ou 60 jours en cas de paiement par timbre dématérialisé ou par carte bancaire (sur Internet, par serveur vocal ou auprès des centres des finances publiques).*	135 €
AMENDE MAJOREE	Si vous ne payez pas ou ne contestez pas dans les 45 jours à compter du 03/12/2013 : *Dans ce cas, vous recevrez alors un "Avis d'amende forfaitaire majorée" - art. 529-2 du Code de procédure pénale.*	375 €

VOUS CONTESTEZ AVOIR COMMIS L'INFRACTION

Vous n'effectuez pas de paiement.
Utilisez le formulaire de requête en exonération joint et adressez-le, accompagné de l'original de cet avis de contravention et des pièces indiquées, à :

L'officier du ministère public près le Tribunal de Police de Pontoise
CS 39000
35094 RENNES CEDEX 9

f2.V12.00

4. Avis de contravention (flash automatique)

S.N.P.C   ! RELEVE D'INFORMATION INTEGRAL 3D !   DATE [redacted]2013

****
* CE DOCUMENT N'EST COMMUNICABLE QU'AU SEUL TITULAIRE DU PERMIS DE CONDUIRE. *
* LE FAIT, POUR UN TIERS NON AUTORISE PAR LA LOI, NOTAMMENT UN EMPLOYEUR OU *
* UN ASSUREUR, D'OBTENIR SOIT DIRECTEMENT, SOIT INDIRECTEMENT, COMMUNICATION *
* DE CE DOCUMENT EST UN DELIT PREVU PAR L'ARTICLE L225.8 DU CODE DE LA ROUTE.*
****

NUMERO DE DOSSIER : [redacted] [redacted]
CODE CONFIDENTIEL : [redacted]
CE NUMERO DE DOSSIER ET CE CODE CONFIDENTIEL PERMETTENT UNE CONSULTATION DE VOTRE SOLDE DE POINTS VIA INTERNET SUR LE SITE : WWW.INTERIEUR.GOUV.FR

NOM M : [redacted]
PRENOMS :
EPOUSE :
NOM USAGE :

NE(E) LE : [redacted] A [redacted]
FRANCE

SEXE : MASCULIN

ADRESSE : [redacted]

ETAT DOSSIER : SOLDE NUL

SOLDE DE POINTS : 0

TITRE NO : [redacted] DELIVRE LE 20/07/2007
PAR PREFECTURE DU CHER SOUS FORME DE DUPLICATA

TITRE NO : DELIVRE LE 17/10/1961
PAR PREFECTURE DU CHER SOUS FORME DE PRIMATA

CONDITIONS RESTRICTIVES : NEANT

PERIODES PROBATOIRES : NEANT

SUIVI AAC : NEANT

CATEGORIE : B
ETAT : SOLDE NUL
DELIVREE PAR EXA LE 17/10/1961
PAR PREFECTURE DU CHER
AMENAGEMENTS : MOTORHOME DE PTAC > 3500 KG

CATEGORIE : AM
ETAT : SOLDE NUL
DELIVREE PAR EQU LE 19/01/2013

CATEGORIE : A1
ETAT : SOLDE NUL
DELIVREE PAR EQU LE 17/10/1961
PAR PREFECTURE DU CHER

PREFECTURE DU CHER   PAGE : 1

5. Relevé d'information intégral

```
! RELEVE D'INFORMATION INTEGRAL 3D      !      DATE [redacted]2013

*****************************************************************************
DOCUMENT N'EST COMMUNICABLE QU'AU SEUL TITULAIRE DU PERMIS DE CONDUIRE. *
FAIT, POUR UN TIERS NON AUTORISE PAR LA LOI, NOTAMMENT UN EMPLOYEUR OU  *
ASSUREUR, D'OBTENIR SOIT DIRECTEMENT, SOIT INDIRECTEMENT, COMMUNICATION *
E CE DOCUMENT EST UN DELIT PREVU PAR L'ARTICLE L225.8 DU CODE DE LA ROUTE.*
*****************************************************************************

NUMERO DE DOSSIER : [redacted]      [redacted]

NOM    M    : [redacted]
PRENOMS     :
NE(E) LE    :             A [redacted]

CATEGORIE : B1
     ETAT : SOLDE NUL
     DELIVREE PAR EQU      LE 17/10/1961
              PAR PREFECTURE DU CHER

DECISION   : AF  AMENDE FORFAITAIRE
    DU 29/08/2011 PAR TRIBUNAL D'INSTANCE OU DE POLICE DE BOURGES
    DEFINITIVE LE  29/08/2011 POUR 00 ANS 00 MOIS 00 JOURS COUT : - 2 PTS/12
    ENREGISTREE LE 05/11/2013
    INFRACTION DU  29/08/2011 A 12H15 LIEU : BOURGES
    MOTIF : 23800
            23800 USAGE D'UN TELEPHONE PAR CONDUCTEUR VEHICULE EN CIRCULATIO

DECISION   : 76  DECISION SANS RESTRICTION DU DROIT DE CONDUIRE
    DU 09/06/2011 PAR TRIBUNAL D'INSTANCE OU DE POLICE DE BOURGES
    DEFINITIVE LE  24/06/2011 POUR 00 ANS 00 MOIS 00 JOURS COUT : - 4 PTS/12
    ENREGISTREE LE 05/11/2013
    NOTIFIEE/EXECUTEE LE 24/06/2011 PAR TRIBUNAL D'INSTANCE OU DE POLICE DE
    INFRACTION DU  15/10/2010 A 14H42 LIEU : ST DOULCHARD
    MOTIF : 00210
            00210 NON RESPECT DE L'ARRET A UN FEU ROUGE FIXE OU CLIGNOTANT

DECISION   : 94  RESTITUTION D'UN POINT
    ATTRIBUEE LE   20/05/2013                              AJOUT: + 1 PT /12
    INFRACTION DU  20/09/2012 A 08H35 LIEU : BRINAY
    MOTIF : 25386
            25386 EXCES DE VITESSE INFERIEUR A 20 KM/H - VITESSE AUT. <=50KM

DECISION   : AF  AMENDE FORFAITAIRE
    DU 20/11/2012 PAR TRIBUNAL D'INSTANCE OU DE POLICE DE CNT-CSA
    DEFINITIVE LE  20/11/2012 POUR 00 ANS 00 MOIS 00 JOURS COUT : - 1 PT /12
    ENREGISTREE LE 29/12/2012
    INFRACTION DU  20/09/2012 A 08H35 LIEU : BRINAY
    MOTIF : 25386
            25386 EXCES DE VITESSE INFERIEUR A 20 KM/H - VITESSE AUT. <=50KM

DECISION   : 98  AJOUT DE POINT(S)
    DU 12/12/2012 PAR PREFET DE BOURGES
    ATTRIBUE LE    28/12/2012 POUR 00 ANS 00 MOIS 00 JOURS AJOUT: + 4 PTS/12
    ENREGISTREE LE 28/12/2012

PREFECTURE DU CHER                                                PAGE : 2
```

25469

Liberté • Égalité • Fraternité

RÉPUBLIQUE FRANÇAISE

MINISTERE DE L'INTERIEUR
Secrétariat Général
Direction de la modernisation et de l'action territoriale
Sous-direction de la circulation et de la sécurité routières
Service du Fichier national des permis de conduire

1 2 [redacted]

Réf. 48

[redacted]

DATE DE NAISSANCE : [redacted]
DEPARTEMENT : 018
COMMUNE : [redacted]
PAYS : FRANCE

Vous avez fait l'objet le [redacted]2011 à 12H15 à BOURGES d'un procès-verbal pour avoir commis une (des) infraction(s) au code de la route entrainant retrait de points.

La réalité de cette (ces) infraction(s) a été établie, conformément à l'article L. 223-1 du même code, par le paiement en date du 29/08/2011 d'une amende forfaitaire.

En application de l'article L. 223-3, alinéa 3, du code susvisé, je vous informe que cette (ces) infraction(s) a (ont) entraîné de plein droit la **perte de 2 point(s)** de votre permis de conduire. En conséquence, **le solde de points restant affecté à votre permis de conduire est de 4 point(s) sur un capital de 12 points à la date du 05/11/2013**, sans préjudice de l'enregistrement ultérieur dans votre dossier d'autres infractions que vous auriez pu commettre.

Vous pouvez obtenir une récupération de points en suivant un stage de sensibilisation à la sécurité routière, dans la limite cependant d'une reconstitution tous les douze mois. Toutes indications utiles sur les modalités de cette formation vous seront fournies à votre demande par les services de votre préfecture. Toutefois, **un permis de conduire dont le solde de points est égal à zéro perd sa validité**, en application de l'article L. 223-1 du code de la route, **et ne peut donc plus bénéficier de cette reconstitution**.

Par ailleurs, aux termes de l'article L. 223-6 du code précité, si le titulaire du permis de conduire n'a pas commis une nouvelle infraction ayant donné lieu au retrait de points dans le **délai de deux ans à compter de la date du paiement de la dernière amende forfaitaire, de l'émission du titre exécutoire de la dernière amende forfaitaire majorée, de l'exécution de la dernière composition pénale ou de la dernière condamnation définitive**, son permis est affecté du nombre maximal de points. Ce délai est cependant porté à trois ans si l'une des infractions ayant entraîné un retrait de points est un délit ou une contravention de la 4ème ou de la 5ème classe. Néanmoins, dans l'hypothèse où vous auriez commis une infraction entraînant le retrait d'**un seul point**, ce point est susceptible d'être restitué dans un délai de six mois à compter de la date à laquelle la réalité de cette infraction a été établie, si aucune autre infraction entraînant retrait de points n'a été commise pendant ce délai. Ces mesures ne s'appliquent qu'aux seules infractions devenues définitives à compter du 1er janvier 2011.

Je vous prie d'agréer, MONSIEUR, l'expression de ma considération distinguée.

A Paris, le 15/11/2013
Pour le Ministre de l'intérieur et par délégation,
Le chef du service du fichier national
des permis de conduire

[redacted]

Voies de recours au verso

L48 - IMPRIMERIE NATIONALE - OA 131417 - (132794 Q)

6. Formulaire 48 : retrait de points

Liberté • Égalité
RÉPUBLIQUE FRANÇAISE
MINISTERE DE L'INTERIEUR
ET DE L'AMENAGEMENT DU TERRITOIRE
Direction des libertés publiques et des affaires juridiques
Sous-direction de la circulation et de la sécurité routières
Service du Fichier national des permis de conduire

[redacted]

48M

M. [redacted]

Recommandé sans accusé de réception

DATE DE NAISSANCE [redacted]
DEPARTEMENT : [redacted]
COMMUNE : [redacted]
PAYS : [redacted]

Vous avez fait l'objet le [redacted]006 à 16H40 [redacted] d'un procès-verbal pour avoir commis une (des) infraction(s) au code de la route entraînant retrait de points.

La réalité de cette (ces) infraction(s) a été établie, conformément à l'article L. 223-1 du même code, par le paiement ou l'émission du titre exécutoire en date d[redacted] d'une amende forfaitaire majorée.

En application de l'article L. 223-3, alinéa 3, du code susvisé, je vous informe que cette (ces) infraction(s) a (ont) entraîné de plein droit la **perte de 6 point(s)** de votre permis de conduire. En conséquence, **le nombre de points restant affecté à votre permis de conduire est de 1 à la date du** [redacted], sans préjudice de l'enregistrement ultérieur dans votre dossier d'autres infractions que vous auriez pu commettre.

TRES IMPORTANT : Votre capital de points vient d'atteindre ou de franchir le seuil des 6 points. Cette lettre recommandée est donc destinée à appeler tout particulièrement votre attention sur le fait que vous pouvez obtenir une récupération de points en suivant un stage de sensibilisation à la sécurité routière, dans la limite cependant d'une reconstitution tous les deux ans. Toutes indications utiles sur les modalités de cette formation vous seront fournies à votre demande par les services de votre préfecture. **ATTENTION** : un permis de conduire dont le solde de points est égal à zéro perd sa validité, en application de l'article L. 223-1 du code de la route, **et ne peut donc plus bénéficier de cette reconstitution.**

Je vous prie d'agréer, MONSIEUR, l'expression de ma considération distinguée.

A Paris le [redacted]
Pour le Ministre de l'intérieur
Le sous-directeur de la circulation
et de la sécurité routières

[redacted]

Voies de recours au verso

7. Formulaire 48M : perte de la moitié des points

Liberté • Égalité • Fraternité
RÉPUBLIQUE FRANÇAISE

MINISTERE DE L'INTERIEUR
Délégation à la sécurité et à la circulation routières
Sous-direction de l'éducation routière et du permis de conduire
Service du Fichier national des permis de conduire

[redacted]

Réf. **48SI**

DATE DE NAISSANCE : [redacted]
DEPARTEMENT : [redacted]
COMMUNE : [redacted]
PAYS : FRANCE
S [redacted]

[redacted]

M. [redacted]

Vous avez fait l'objet le [redacted] 2010 à 14H42 à [redacted] d'un procès-verbal pour avoir commis une (des) infraction(s) au code de la route entraînant retrait de points.

La réalité de cette (ces) infraction(s) a été établie, conformément à l'article L. 223-1 du même code, par la condamnation, devenue définitive, prononcée à votre encontre le [redacted] 2011 par LE TRIBUNAL D'INSTANCE OU DE POLICE DE [redacted]

En application de l'article L. 223-3, alinéa 3, du code susvisé, je vous informe que cette (ces) infraction(s) a (ont) entraîné de plein droit **la perte de 4 point(s)** de votre permis de conduire.

Vous sont rappelés ci-dessous les retraits de points consécutifs aux infractions que vous avez précédemment commises et qui vous ont été précédemment notifiés :

Date et heure de l'infraction	Lieu de l'infraction	Sanction pénale ou Exécution d'une composition pénale (ECP)	Nombre de points retirés
[redacted] 2005 à 09h25	[redacted]	Amende forfaitaire	3
[redacted] 2004 à 17h45	[redacted]	Amende forfaitaire	2
[redacted] 2007 à 00h50	[redacted]	Amende forfaitaire	1
[redacted] 2007 à 08h51	[redacted]	Amende forfaitaire	1
[redacted] 2007 à 10h22	[redacted]	Amende forfaitaire	1
[redacted] 2008 à 23h46	[redacted]	Amende forfaitaire	1
[redacted] 2009 à 08h16	[redacted]	Amende forfaitaire	1
[redacted] 2009 à 19h56	[redacted]	Amende forfaitaire	1
[redacted] 2009 à 15h16	[redacted]	Amende forfaitaire	2
[redacted] 2009 à 10h43	[redacted]	Amende forfaitaire	1
[redacted] 2010 à 10h35	[redacted]	Amende forfaitaire	3
[redacted] 2012 à 09h45	[redacted]	Amende forfaitaire	3
[redacted] 2012 à 08h35	[redacted]	Amende forfaitaire	1
[redacted] 2011 à 12h15	[redacted]	Amende forfaitaire	2

Compte tenu de ces retraits de points et malgré les éventuelles récupérations de points obtenues à l'issue de stages de sensibilisation à la sécurité routière, **le nombre de points affecté à votre permis de conduire est nul depuis le 05/11/2013. De ce fait, votre permis a perdu sa validité** (article L. 223-1 du code de la route) **et vous n'avez plus le droit de conduire un véhicule.**

Conformément aux dispositions des articles L. 223-5-I et R. 223-3 du code de la route, **vous devez restituer votre permis de conduire invalidé aux services préfectoraux (préfecture ou sous-préfecture) de votre département de résidence, dans le délai de dix jours francs à compter de la réception de la présente décision.** Avant toute chose, il vous est conseillé de contacter ce service, qui vous informera des modalités pratiques de restitution de votre titre. Si vous ne détenez plus aucun permis de conduire, vous devez impérativement produire le document attestant de cette situation (décision administrative ou judiciaire de suspension, déclaration de perte ou de vol). Le fait de refuser de se soumettre à la présente injonction est puni de deux ans d'emprisonnement et d'une amende de 4 500 € en application de l'article L. 223-5-III du code de la route.

Je vous prie d'agréer, MONSIEUR, l'expression de ma considération distinguée.

A Paris, le [redacted] 2013
Pour le Ministre de l'intérieur et par délégation,
Le chef du service du fichier national
des permis de conduire

[redacted]

Informations et voies de recours au verso

8. Formulaire 48SI : annulation du permis de conduire

PRÉFECTURE [redacted]
SERVICE DES PERMIS DE CONDUIRE

Réf. **47**

Liberté · Égalité · Fraternité
RÉPUBLIQUE FRANÇAISE

[redacted] [redacted]
N° DE DOSSIER

RÉCUPÉRATION DE POINTS DU PERMIS DE CONDUIRE
(articles L. 223-6 et R. 223-8 du code de la route)

[redacted]

DATE DE NAISSANCE 16 [redacted]
DÉPARTEMENT 018

COMMUNE (pour les grandes villes, indiquer s'il y a lieu le n° d'arrondissement)
[redacted]
PAYS ou C.O.M.
FRANCE

Vous avez suivi un stage de sensibilisation à la sécurité routière, mentionné au quatrième alinéa de l'article L 223-6 du code de la route, destiné à éviter la réitération des comportements dangereux, après avoir commis des infractions au code de la route ayant entraîné le retrait de points sur votre permis de conduire.

En vertu de l'article R 223-8 du code précité, la délivrance de l'attestation de suivi de stage donne droit à la **récupération de quatre points au maximum** dans la limite du plafond affecté au permis de conduire de son titulaire. La récupération prend effet le lendemain de la dernière journée de stage. Enfin, **une nouvelle récupération de points, après une formation spécifique, n'est possible qu'au terme d'un délai d'un an.**

En application de ces dispositions, le stage que vous avez suivi a donné lieu à une récupération de 04 point(s).

Le solde de points affecté à votre permis de conduire est de 06 points sur un capital de 12 points à la date de ce jour, sous réserve d'infractions que vous avez pu commettre et qui ne seraient pas encore enregistrées dans le système national des permis de conduire.

Vous ne pourrez bénéficier d'une nouvelle récupération, après une formation spécifique, qu'à compter du (J M A) 12 12 13

Je vous prie d'agréer, MONSIEUR , l'expression de ma considération distinguée.

A [redacted]
(J M A)
Le [redacted]

POUR LE PREFET ET PAR DELEGATION
LE DIRECTEUR DE LA REGLEMENTATION
[redacted]

VOIES DE RECOURS AU VERSO

1. ORIGINAL DESTINÉ À L'INTÉRESSÉ(E)

IN 147 - 09/11 - RR Donnelley Imprimerie Nationale Document Solutions - 03.27.08.27.50

9. Formulaire 47 : récupération de points du permis de conduire

N°[redacted] 7

DECIDE :

Article 1er : Les décisions par lesquelles le ministre de l'intérieur a retiré quatre points du permis de conduire de M. [redacted] à la suite d'infractions commises les 19 juin 2008, 7 septembre 2010, 21 décembre 2010 et 6 août 2011 ainsi que la décision référencée « 48SI » en date du 24 février 2012 du ministre de l'intérieur, en tant qu'elle constate que le permis de conduire de M. [redacted] a perdu sa validité, sont annulées.

Article 2 : Il est enjoint au ministre de l'intérieur de reconnaître à M. [redacted] le bénéfice des quatre points retirés à la suite des infractions mentionnées à l'article 1er ci-dessus et, dans un délai de deux mois à compter de la notification du présent jugement, de réexaminer la situation du requérant pour en tirer les conséquences sur le capital de points et le droit de conduire de l'intéressé.

Article 3 : Le surplus des conclusions de la requête de M. [redacted] est rejeté.

Article 4 : Le présent jugement sera notifié à M. [redacted] et au ministre de l'intérieur.

Lu en audience publique le [redacted] 2013.

Le vice-président, Le greffier,

signé signé

[redacted] [redacted]

La République mande et ordonne au ministre de l'intérieur en ce qui le concerne et à tous huissiers de justice à ce requis en ce qui concerne les voies de droit commun, contre les parties privées, de pourvoir à l'exécution de la présente décision.

[redacted]

10. Recours contentieux : jugement de récupération de points

11. Recommandé du FNPC

Liberté • Égalité • Fraternité
RÉPUBLIQUE FRANÇAISE

MINISTÈRE DE L'INTÉRIEUR,
DE L'OUTRE-MER, DES COLLECTIVITÉS TERRITORIALES ET DE L'IMMIGRATION

Secrétariat Général

DIRECTION DE LA MODERNISATION ET
DE L'ACTION TERRITORIALE

SOUS-DIRECTION DE LA CIRCULATION
ET DE LA SECURITE ROUTIERES

SERVICE DU FICHIER NATIONAL
DES PERMIS DE CONDUIRE

Affaire suivie par [redacted]
Fax [redacted]
Mél. [redacted]

Paris, le [redacted]

[redacted]

Maître,

Par courrier en date du 29 mars 2012, vous avez de nouveau appelé mon attention sur la situation du permis de conduire de M. [redacted]

Après un examen attentif de son dossier, je vous informe que le stage de sensibilisation à la sécurité routière qu'il a suivi les 26 et 27 décembre 2011 a été enregistré dans son dossier de permis de conduire, et a donné lieu à la reconstitution de 4 points.

De ce fait, son permis de conduire est de nouveau valide, à ce jour.

En conséquence, la lettre référence 48SI qui lui a été adressée est à considérer comme nulle et non avenue.

Veuillez agréer, Maître, l'expression de ma considération distinguée.

[redacted]

POUR VOTRE COMPLETE INFORMATION : Conformément aux dispositions de l'article L.225-3 du code de la route, votre client a la possibilité d'accéder en sous-préfecture ou en préfecture au contenu intégral de son dossier de permis de conduire, qui présente, notamment, les phases de décompte des points. Cette procédure d'information s'effectue sur place, sur présentation d'une pièce d'identité en cours de validité. Elle ne peut s'exercer par téléphone. Tout titulaire d'un permis de conduire français peut également accéder au solde de ses points par Internet, via le téléservice Télépoints, accessible à partir du site web : www.interieur.gouv.fr.

ADRESSE POSTALE : PLACE BEAUVAU 75800 PARIS CEDEX 08 - STANDARD 01.49.27.49.27 - 01.40.07.60.60
ADRESSE INTERNET : www.interieur.gouv.fr

12. Courrier du FNPC : prise en compte du stage (+ 4 points) et revalidation du permis

REPUBLIQUE FRANCAISE [redacted] le [redacted] 2013

TRIBUNAL ADMINISTRATIF
DE [redacted]

Téléphone : [redacted]
Télécopie : [redacted]

[redacted]

Greffe ouvert du lundi au vendredi de
9h00 à 12h30 - 13h30 à 17h00

Dossier n° : [redacted]
(à rappeler [redacted])
Monsieur [redacted] M. LE MINISTRE
DE L'INT[redacted]-MER, DES
COLLECTIVITÉS TERRITORIALES

ACCUSE DE RECEPTION DE LA REQUETE

Monsieur,

J'ai l'honneur d'accuser réception de votre requête et de vous informer qu'elle a été enregistrée le [redacted] 2013, sous le numéro mentionné ci-dessus.

Je saisis cette occasion pour vous adresser les recommandations suivantes :

- afin de permettre le rattachement de vos courriers à votre dossier, veuillez mentionner le numéro d'enregistrement qui figure en tête de la présente lettre sur toutes les pièces ou correspondances relatives à cette affaire ;
- ne manquez pas, jusqu'à l'issue de la procédure, d'informer le greffe du tribunal administratif de vos éventuels changements d'adresse. Par ailleurs, pour permettre de vous joindre plus facilement, en cas de nécessité, vous pouvez communiquer au greffe vos numéros de téléphone et de télécopie ;
- enfin, si vous avez besoin d'explications ou de renseignements complémentaires, vous pouvez écrire au tribunal administratif ou téléphoner au numéro mentionné en tête du présent courrier aux heures indiquées.

L'état de l'instruction de ce dossier peut être consulté avec le code d'accès confidentiel [redacted] sur le site internet http://sagace.juradm.fr.

Je vous prie de bien vouloir recevoir, Monsieur, l'assurance de ma considération distinguée.

[redacted]

Pour les besoins de l'instruction, du suivi du dossier et de son jugement, certaines informations font l'objet d'un traitement informatique. Les destinataires sont, pour les affaires qui les concernent et sous réserve des règles relatives au secret de l'instruction, les personnes parties au procès, les membres et personnels de la juridiction administrative. Conformément à la loi " informatique et libertés " du 6 janvier 1978 modifiée en 2004, vous bénéficiez d'un droit d'accès et de rectification aux informations qui vous concernent, que vous pouvez exercer en vous adressant au président du tribunal administratif.

13. Accusé de réception du dépôt de requête de recours contentieux

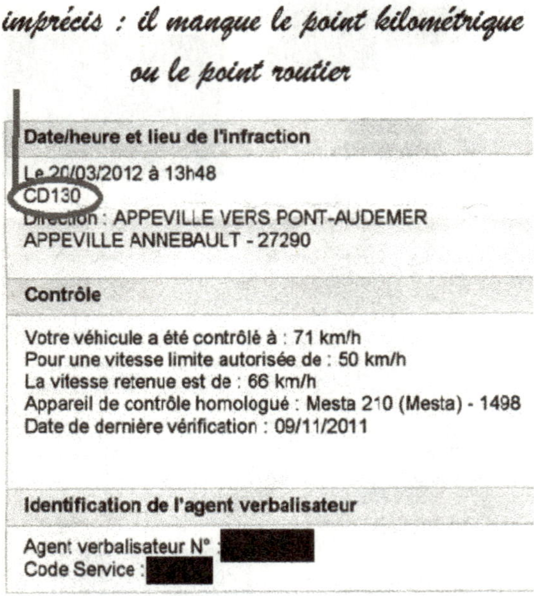

Date/heure et lieu de l'infraction

Le 20/03/2012 à 13h48
CD130
Direction : APPEVILLE VERS PONT-AUDEMER
APPEVILLE ANNEBAULT - 27290

Contrôle

Votre véhicule a été contrôlé à : 71 km/h
Pour une vitesse limite autorisée de : 50 km/h
La vitesse retenue est de : 66 km/h
Appareil de contrôle homologué : Mesta 210 (Mesta) - 1498
Date de dernière vérification : 09/11/2011

Identification de l'agent verbalisateur

Agent verbalisateur N° : [redacted]
Code Service : [redacted]

14. Contravention pour excès de vitesse :
absence du point kilométrique ou point routier

Ci-contre
16. Contravention pour excès de vitesse :
inversion de la vitesse limite avec la vitesse enregistrée

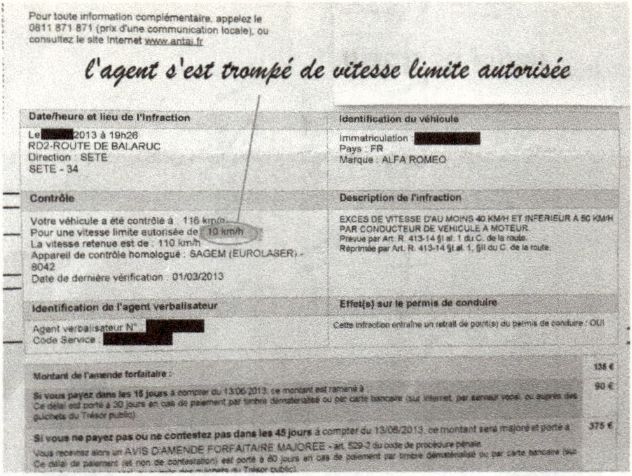

Pour toute information complémentaire, appelez le 0811 871 871 (prix d'une communication locale), ou consultez le site Internet www.antai.fr

Date/heure et lieu de l'infraction	Identification du véhicule
Le [redacted] 2013 à 19h26 RD2-ROUTE DE BALARUC Direction : SETE SETE - 34	Immatriculation : [redacted] Pays : FR Marque : ALFA ROMEO
Contrôle	**Description de l'infraction**
Votre véhicule a été contrôlé à : 116 km/h Pour une vitesse limite autorisée de : 10 km/h La vitesse retenue est de : 110 km/h Appareil de contrôle homologué : SAGEM (EUROLASER) - 8042 Date de dernière vérification : 01/03/2013	EXCES DE VITESSE D'AU MOINS 40 KM/H ET INFERIEUR A 50 KM/H PAR CONDUCTEUR DE VEHICULE A MOTEUR. Prévue par Art. R. 413-14 §I al. 1 du C. de la route. Réprimée par Art. R. 413-14 §I al. 1, §II du C. de la route.
Identification de l'agent verbalisateur	**Effet(s) sur le permis de conduire**
Agent verbalisateur N° : [redacted] Code Service : [redacted]	Cette infraction entraîne un retrait de point(s) du permis de conduire : OUI

Montant de l'amende forfaitaire :	135 €
Si vous payez dans les 15 jours à compter du 13/06/2013, ce montant est ramené à : Ce délai est porté à 30 jours en cas de paiement par timbre dématérialisé ou par carte bancaire (sur internet, par serveur vocal, ou auprès des guichets du Trésor public)	90 €
Si vous ne payez pas ou ne contestez pas dans les 45 jours à compter du 13/06/2013, ce montant sera majoré et porté à Vous recevrez alors un AVIS D'AMENDE FORFAITAIRE MAJOREE - art. 529-2 du code de procédure pénale. Ce délai de paiement (et non de contestation) est porté à 60 jours en cas de paiement par timbre dématérialisé ou par carte bancaire (sur ... des guichets du Trésor public)	375 €

15. Contravention pour excès de vitesse : vitesse limite autorisée erronée

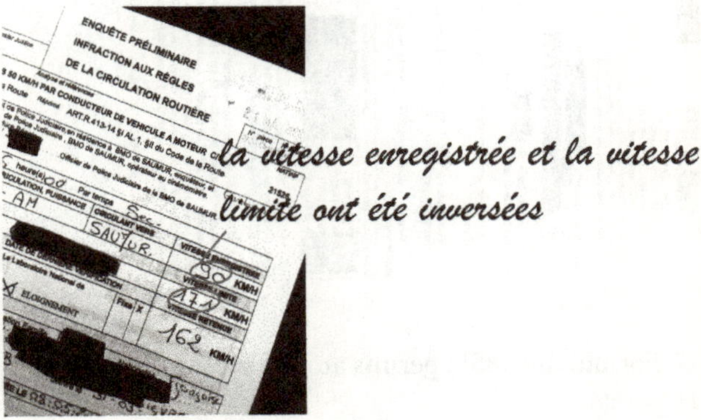

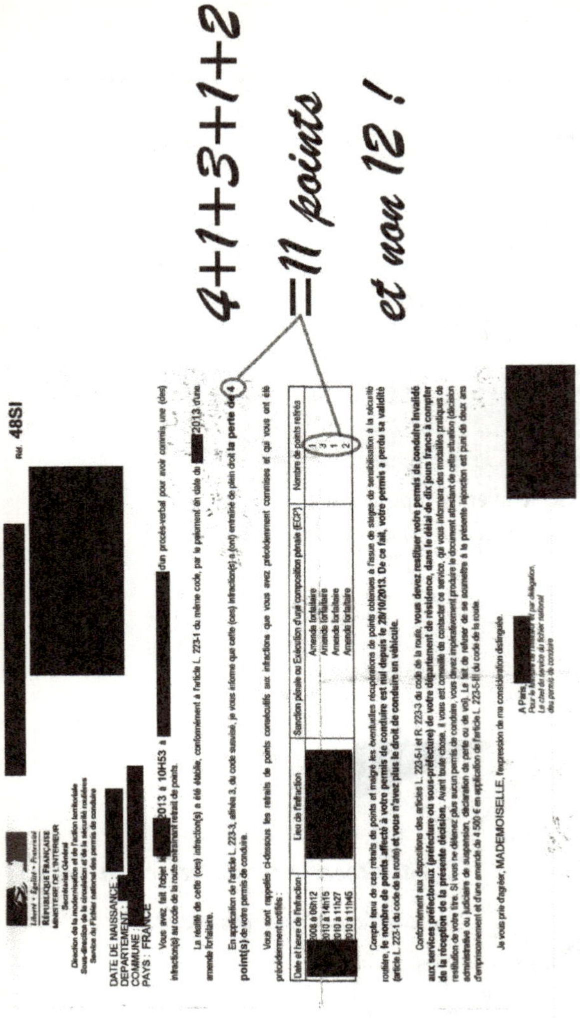

Réf. 48SI

[redacted]

Liberté • Égalité • Fraternité
RÉPUBLIQUE FRANÇAISE
MINISTÈRE DE L'INTÉRIEUR
Secrétariat Général
Direction de la modernisation et de l'action territoriale
Sous-direction de la circulation et de la sécurité routières
Service du Fichier national des permis de conduire

DATE DE NAISSANCE : [redacted]
DEPARTEMENT : [redacted]
COMMUNE : [redacted]
PAYS : FRANCE

Vous avez fait l'objet le [redacted] 2013 à 10H53 à [redacted] d'un procès-verbal pour avoir commis une (des) infraction(s) au code de la route entraînant retrait de points.

La réalité de cette (ces) infraction(s) a été établie, conformément à l'article L. 223-1 du même code, par le paiement en date du [redacted] 2013 d'une amende forfaitaire.

En application de l'article L. 223-3, alinéa 3, du code susvisé, je vous informe que cette (ces) infraction(s) a (ont) entraîné de plein droit **la perte de 4 point(s)** de votre permis de conduire.

Vous sont rappelés ci-dessous les retraits de points consécutifs aux infractions que vous avez précédemment commises et qui vous ont été précédemment notifiés :

Date et heure de l'infraction	Lieu de l'infraction	Sanction pénale ou Exécution d'une composition pénale (ECP)	Nombre de points retirés
[redacted] 2008 à 06h12	[redacted]	Amende forfaitaire	1
2010 à 14h15		Amende forfaitaire	3
2010 à 11h27		Amende forfaitaire	1
2010 à 11h45		Amende forfaitaire	2

Compte tenu de ces retraits de points et malgré les éventuelles récupérations de points obtenues à l'issue de stages de sensibilisation à la sécurité routière, **le nombre de points affecté à votre permis de conduire est nul depuis le 28/10/2013. De ce fait, votre permis a perdu sa validité** (article L. 223-1 du code de la route) **et vous n'avez plus le droit de conduire un véhicule.**

Conformément aux dispositions des articles L. 223-5-I et R. 223-3 du code de la route, **vous devez restituer votre permis de conduire invalidé aux services préfectoraux (préfecture ou sous-préfecture) de votre département de résidence, dans le délai de dix jours francs à compter de la réception de la présente décision.** Avant toute chose, il vous est conseillé de contacter ce service, qui vous informera des modalités pratiques de restitution de votre titre. Si vous ne détenez plus aucun permis de conduire, vous devez impérativement produire le document attestant de cette situation (décision administrative ou judiciaire de suspension, déclaration de perte ou de vol). Le fait de refuser de se soumettre à la présente injonction est puni de deux ans d'emprisonnement et d'une amende de 4 500 € en application de l'article L. 223-5-III du code de la route.

Je vous prie d'agréer, MADEMOISELLE, l'expression de ma considération distinguée.

A Paris, [redacted]
Pour le [redacted] et par délégation,
Le chef du service du fichier national
des permis de conduire

[redacted]

17. Formulaire 48SI : permis annulé avec un retrait de 11 points

18. Lettre type : contestation de contravention (flash automatique)

TRIBUNAL DE POLICE DE RENNES
Monsieur l'Officier du Ministère Public
Contrôle Automatisé
CS 41101
35911 RENNES CEDEX 9

(votre ville), le ....

LR + AR

Affaire : XXX/MP

Monsieur l'Officier du Ministère Public,

Vous voudrez bien trouver ci-joint l'avis de contravention qui m'a été adressé, suite à un excès de vitesse qui auraient été commis le (date).

J'entends contester la régularité de la procédure initiée à mon encontre afin de m'assurer de la conformité de l'installation du cinémomètre en cause (livret d'installation du constructeur, certificat d'homologation de cet appareil).

Il apparaît, en effet, qu'une installation non conforme est de nature à fausser la vitesse du véhicule contrôlé. Afin que je puisse opérer toute vérification utile, vous voudrez bien m'adresser dès à présent le carnet métrologique de l'appareil ayant servi à constater cette infraction.

En outre, je conteste être l'auteur de cette infraction.

Je vous remercie en conséquence de bien vouloir saisir la juridiction compétente afin que je puisse faire valoir ma défense.

Vous en remerciant par avance,

Je vous prie d'agréer Monsieur l'Officier du Ministère Public, l'expression de mes respectueuses salutations.

(votre signature)

PJ : Avis de contravention, formulaire de requête en exonération, chèque de consignation.

Ci-contre et pages suivantes
19. Lettre type : recours gracieux contre l'annulation du permis de conduire (à adresser au *Service du fichier national des permis de conduire*)

Monsieur/Madame/Mademoiselle (votre nom)
Demeurant :
Né(e) le :
<u>N° de permis de conduire :</u>

(votre ville), le ....

Madame, Monsieur,

Je fais l'objet d'une annulation de permis de conduire pour défaut de points en date du… .

Le capital de points affectant mon permis de conduire a subi les retraits suivants :

- perte de… points : infraction du (date), à (lieu) ;
- perte de… points : infraction du (date), à (lieu).

Je conteste la mesure d'annulation de mon permis de conduire pour défaut de points.

I. Notification des décisions et demande de copie de documents administratifs

Je n'ai pas reçu, pour une raison ignorée, notification des décisions référence 48 emportant notification des différentes pertes de points.

Je vous remercie de bien vouloir m'adresser copie de ce ou ces documents, ou de tout autre document matérialisant ces décisions.

II. Sur l'information au sens des articles L. 223-3 et R. 223-3 du Code de la route

Je n'avais pas reçu d'information concernant le fonctionnement du permis de conduire à points lors des différentes verbalisations à l'origine des présentes pertes de points.

Les pertes de points susvisées sont en conséquence irrégulières.

C'est la raison pour laquelle je vous demande de bien vouloir examiner de toute urgence mon dossier, de lui restituer les points correspondants et de retirer votre décision d'annulation de permis de conduire.

Dans cette attente, et restant à votre entière disposition pour toute information complémentaire,

Je vous prie d'agréer, Madame, Monsieur, l'expression de mes salutations respectueuses.

(votre signature)

Ci-contre et pages suivantes
20. Lettre type : recours contentieux contre l'annulation du permis de conduire

Recours contre une décision
du ministre de l'Intérieur du (date) (48.SI)

TRIBUNAL ADMINISTRATIF DE…

Le (date)

Pour :
Monsieur/Madame/Mademoiselle (votre nom)
Né(e) le : …
Demeurant : …
N° de permis de conduire : …
Demandeur

Contre :

Une décision du ministre de l'Intérieur prononçant :

- Les décisions de perte de points sur le capital affectant mon permis de conduire;
- L'annulation de mon permis de conduire.

À Monsieur le Président, Mesdames et Messieurs les conseillers composant le Tribunal administratif,

Faits et Procédure

À la suite de différentes infractions au Code de la route, mon permis de conduire aurait perdu la totalité de son capital de points.

Par une même décision du (date), le Ministre de l'Intérieur

procède au retrait de la totalité des points du capital affectant mon permis de conduire :

- Perte de… points, infraction du (date), à (lieu);
- Perte de… points, infraction du (date), à (lieu).

Du fait du caractère nul du capital de points, le ministre de l'Intérieur a prononcé l'annulation de mon permis de conduire et m'informe que j'ai perdu le droit de conduire un véhicule.

I. Sur la motivation de l'acte attaqué

Une décision d'annulation et d'injonction de restitution du titre de conduite annulé doit être motivée en droit et en fait.

Or, la décision attaquée
- Fait état d'une motivation en droit partielle et insuffisante,
- Ne possède aucune motivation en fait.

a. Sur la motivation en droit

Seuls les articles L. 223-1 et L. 223-3 du Code de la route sont visés.
Ces articles prévoient le fonctionnement général du système du permis de conduire à points.

Il n'est pas contestable en l'espèce qu'aucun article du code de la route applicable aux infractions commises n'est visé.

Le 48 S.I. reçu ne permet pas, du fait de ce défaut de motivation en droit et en fait, de déterminer la nature des infractions commises et empêche ainsi la vérification, tant de ma part que du Juge administratif, du bien fondé de la mesure de retrait de points par rapport à l'infraction commise. L'absence totale de motivation en droit empêche cette vérification, outre la violation avérée des dispositions de la loi du 11 juillet 1979.

Pour cette raison, la décision attaquée est entachée d'illégalité et pourra être annulée.

b. Sur la motivation en fait

Il n'y a aucune motivation individuelle et particulière. Il s'agit simplement de quelques motifs stéréotypés, sans aucun examen particulier.

Les motifs sont généraux, et font référence au fonctionnement classique du permis à points, sans détailler les circonstances de fait qui engendrent la perte de points diligentée.

L'énoncé de la seule date de l'infraction, sans en préciser la nature, n'est pas une motivation en fait suffisante.

La forme de la motivation des actes administratifs est fixée de façon très détaillée par la circulaire du 28 septembre 1987 (*J.O.* du 20/10) : la motivation *« ne peut se borner à citer le texte appliqué. Elle ne saurait d'avantage se référer sans plus de précisions aux circonstances de temps et de lieu »*.

Pour cette raison, la décision attaquée est entachée d'illégalité et pourra être annulée.

II. Sur le décompte des points affectant le permis de conduire

La décision attaquée emporte les pertes de points suivantes :

- Perte de… points, infraction du (date), à (lieu),
- Perte de… points, infraction du (date), à (lieu).

Or, ces amendes forfaitaires sont à ce jour impayées, et aucun titre exécutoire n'a été émis et/ou notifié les concernant.

En application de l'article L. 223-1 du Code de la route, la réalité des infractions est établie par le paiement d'une amende forfaitaire, par l'émission d'un titre exécutoire devenu définitif, par l'exécution d'une composition pénale, ou par l'existence d'une condamnation devenue définitive.

Une amende forfaitaire impayée et n'ayant fait l'objet d'aucune émission de titre exécutoire définitif ne peut donc provoquer de perte de points.

Les amendes forfaitaires ci-dessus visées sont à ce jour impayées et n'ont pas fait l'objet de l'émission d'un titre exécutoire définitif, elles ne peuvent donc avoir engendré légalement les pertes de points attaquées.

Les pertes de points pourront ainsi être annulées.

III. Sur l'information du conducteur au moment de la verbalisation

Le conducteur à l'encontre duquel est relevée une infraction doit recevoir, au moment de sa verbalisation, un document faisant état :

- Du fait qu'une perte de points est encourue,
- Des dispositions de l'article L. 223-2 du Code de la route relatives au mode de calcul du nombre de points susceptibles d'êtres perdus,
- De l'existence d'un traitement automatisé de son

capital de points et des pertes et reconstitutions de points sur ce capital,

- De la possibilité d'avoir accès aux informations le concernant selon les modalités définies aux articles L. 225-1 à L. 225-9 du Code de la route,
- Que le paiement de l'amende forfaitaire vaut reconnaissance de la réalité de l'infraction et entraîne la perte de points correspondante.

Au moment de la verbalisation, je n'ai pas reçu l'information réglementaire concernant le fonctionnement du permis à points.

Ces pertes de points pourront ainsi être annulées.

PAR CES MOTIFS

Je demande au Tribunal administratif

- **d'annuler** la décision 48 S.I. prononçant l'annulation de mon permis de conduire.

- **d'annuler** les décisions de perte de points sur le capital affectant mon permis de conduire :
  - Perte de… points, infraction du (date), à (lieu),
  - Perte de… points, infraction du (date), à (lieu).

SOUS TOUTES RÉSERVES

Pièces jointes :

- Acte attaqué : avis « 48 S.I. » du (date) ;
- Réclamation FNPC du (date).

Table des matières

Partie 2
Papiers, s'il vous plaît !

Partie 3
Vous rouliez à combien ?

Partie 4
Boire ou fumer ou conduire...

PARTIE 5
DÉJOUEZ LES PETITES INFRACTIONS

PARTIE 6
SAUVER SES POINTS, SAUVER SON PERMIS

Cet ouvrage a été imprimé
en février 2014 par

CPI
FIRMIN-DIDOT

27650 Mesnil-sur-l'Estrée
N° d'impression : 121815
Dépôt légal : mars 2014
ISBN : 978-2-35417-290-9

Imprimé en France